ESSAI SUR LE RAPPORT

ENTRE

LE DUALISME ET LE THÉISME DE KANT

(Contribution à l'Intelligence de la Critique de la Raison Pure)

PAR

MARIN STEFANESCU

Docteur ès lettres

PARIS

LIBRAIRIE FÉLIX ALCAN

108, BOULEVARD SAINT-GERMAIN, 108

ESSAI SUR LE RAPPORT

ENTRE

LE DUALISME ET LE THÉISME

DE KANT

ESSAI SUR LE RAPPORT

ENTRE

LE DUALISME ET LE THÉISME DE KANT

(Contribution à l'Intelligence de la Critique de la Raison Pure)

PAR

Marin STEFANESCU

DOCTEUR ÈS LETTRES

PARIS

LIBRAIRIE FÉLIX ALCAN

108, BOULEVARD SAINT-GERMAIN, 108

1915

A MES MAITRES

M. Victor DELBOS

MEMBRE DE L'INSTITUT
PROFESSEUR A LA FACULTÉ DES LETTRES
DE L'UNIVERSITÉ DE PARIS

M. André LALANDE

PROFESSEUR A LA FACULTÉ DES LETTRES
DE L'UNIVERSITÉ DE PARIS
ET A L'ÉCOLE DE SÈVRES

M. C. RADULESCU-MOTRU

PROFESSEUR A LA FACULTÉ DES LETTRES
DE L'UNIVERSITÉ DE BUCAREST

*Hommage de respectueuse reconnaissance
et de dévouement.*

A MON AMI ET ANCIEN COLLÈGUE

RADU D. BRATIANU

Affection et reconnaissance fraternelles.

A M. NICOLAE BASILESCU

PROFESSEUR A LA FACULTÉ DE DROIT
DE L'UNIVERSITÉ DE BUCAREST

*Hommage de respectueuse reconnaissance
et de dévouement.*

INTRODUCTION

Vu, d'une part, le profond intérêt que l'homme, de par sa nature même, attache à la Métaphysique, surtout à la Métaphysique théologique, — vu, d'autre part, la place considérable occupée par Kant dans l'histoire de la philosophie contemporaine, philosophie si préoccupée du rapport entre la science et la religion, — il est évident que la connaissance de la conception de Kant sur le rapport entre le monde et Dieu est loin de ne pas exercer quelque influence sur l'esprit qui la possède. C'est pourquoi nous voudrions nous demander : quelle est au juste la Métaphysique théologique qui se dégage de la *Critique de la raison pure*; car, de l'avis de presque tous les grands interprètes de Kant, cet ouvrage, qui passe pour le chef-d'œuvre de la philosophie contemporaine, contient, en effet, les bases d'une Métaphysique théologique.

On sait combien la *Critique de la raison pure* a été diversement interprétée[1]. Or, en ce qui concerne le pro-

1. On peut s'en faire une idée générale en consultant : Kuno Fischer, *Kant's Leben und die Grundlagen seiner Lehre* (1860); *Geschichte der neueren Philosophie*, vol. III-IV (1868-1869); *Anti-Trendelenburg* (1870). — Eduard Zeller, *Ueber Bedeutung und Aufgabe der Erkenntnistheorie* (1862). — Otto Liebmann, *Kant und die Epigonen*

blème de la nature du théisme de Kant, il y a deux thèses
essentielles en présence : selon l'une, Kant aurait été

(1865). — Lange, *Geschichte des Materialismus* (1866). — H. Cohen,
Kant's Theorie der Erfahrung (1871); *Die systematische Begriffe in
Kants vorkritischen Schriften nach ihrem Verhältnis zum kritischen
Idealismus* (1873). — Paulsen, *Versuch einer Entwickelungsgeschichte
der Kantischen Erkenntnistheorie* (1875); *Kant* (1898). — Riehl, *Der
philosophische Kriticismus* (1876-1887). — Göring, *Ueber den Begriff
der Erfahrung* (in *Vierteljahrschrift für Wissenschaftliche Philosophie*,
t. I, 1877). — Benno Erdmann, *Kant's Kriticismus* (1878). — Volkelt,
Kant's Erkenntnistheorie (1879).—Vaihinger, *Kommentar zur Kritik der
reinen Vernunft* (1881-1892); *Kant, ein Metaphysiker?* dans les *Philosophische Abhandlungen* en l'honneur de Chr. Sigwart, reproduit
dans les *Kantstudien* (vol. VII, 1902), dans l'article intitulé *Aus zwei
Festschriften* (p. 99-119). — Höffding, *Die Kontinuität im philoso-
phischen Entwickelungsgange Kants* (in *Arch. für Geschichte der Philosophie*, t. VII, 1894). — C. Radulescu-Motru, *Zur Entwickelung von
Kant's Theorie der Naturcausalität* (in *Philosophische Studien*, t. IX,
1894). — Adickes, *Die bewegenden Kräfte in Kant's philosophischer
Entwickelung und die beiden Polen seines Systems* (in *Kantstudien*,
t. I). — Em. Boutroux, *Etudes d'histoire de la Philosophie* (1897). —
G. Simmel, *Vorlesungen über Kant* (1904). — Victor Delbos, *La philosophie pratique de Kant* (1905).

Kuno Fischer voit dans Kant, avant tout, un métaphysicien. Pour
Cohen, au contraire, Kant est avant tout le théoricien de la science.
Riehl et Benno Erdmann, — à la suite de Trendelenburg, Zeller,
Liebmann, — prennent une position intermédiaire par rapport aux
thèses extrêmes de K. Fischer et de Cohen. Göring et Volkelt, — à
la suite des grands métaphysiciens, successeurs de Kant, notamment
à la suite de Schopenhauer, — croient que si l'auteur de la *Critique
de la raison pure* se pose des problèmes de nature spéculative, c'est
uniquement en vue de fins pratiques, comme la Morale et la Religion.
Pour Vaihinger, attribuer à Kant des visées métaphysiques, c'est se
méprendre gravement sur le véritable sens de sa philosophie, qui
consiste justement à montrer l'illégitimité de toute Métaphysique.
M. C. Radulescu-Motru soutient que le but de Kant a été de générali-
ser la conception de la science de Newton. Pour Adickes la pensée
de Kant s'est formée sous la double influence de la spéculation et
de la pratique, mais c'est surtout par la raison pratique qu'elle a
cherché à résoudre les difficultés qu'elle a rencontrées dans son

panthéiste, c'est-à-dire qu'il aurait professé la croyance en un Dieu existant dans le monde et se confondant avec lui ; selon l'autre, Kant aurait été partisan d'une philosophie diamétralement opposée au panthéisme ou, plus précisément, Kant aurait professé le théisme transcendant (Dieu en dehors du monde) jusqu'au point même de n'admettre qu'à titre *absolument* symbolique Jésus-Christ (intermédiaire entre le monde et Dieu).

L'interprétation, qui voit dans Kant un métaphysicien à tendances spinozistes ou panthéistes, est aussi ancienne que la *Critique de la raison pure* elle-même. En effet, quatre ans après l'apparition de cet ouvrage, c'est-à-dire en 1875, un critique anonyme signant Sg [1] publia dans la *Bibliothèque générale allemande* [2] un compte rendu du livre de Schultz, — *Eclaircissement sur la Critique de la raison pure,* — dans lequel il admettait que, par sa *Critique,* Kant avait visé la construction d'une Métaphysique nouvelle, mais où il se demandait si, en dernière analyse, cette Métaphysique ne consistait pas dans le spinozisme. Et ce fut « d'actualité », car juste à ce moment-là éclata la fameuse querelle Jacobi-Mendelssohn, dans laquelle Jacobi faisait de Lessing un disciple avoué de Spinoza, tandis que Mendelssohn soutenait le contraire.

Kant ne répond pas immédiatement, mais il est indigné

chemin. M. Victor Delbos montre que la philosophie pratique de Kant a son fondement dans sa philosophie théorique, c'est-à-dire que celle-ci est le centre même de toute sa philosophie ; que si Kant a voulu fonder une philosophie pratique, c'est en l'accordant avec sa philosophie théorique ; mais qu'en tout cas, on ne saurait attribuer à Kant de plan préconçu.

1. Vaihinger croit que ce critique anonyme est Pistorius. Cf. Vaih. *Kom. z. K. d. r. V.,* t. II, p. 143.

2. *Nicolai's Allgemeine deutsche Bibliothek* (t. LXVI, 1785).

d'être accusé de spinozisme ; car, l'année suivante, il écrit : *Qu'est-ce que s'orienter dans la pensée?* où il s'exprime à ce sujet d'une façon bien significative, en disant : « On comprend à peine comment des hommes instruits ont pu trouver dans la *Critique de la raison pure* un aliment pour le spinozisme... La *Critique de la raison pure* a pour objet essentiel de couper justement les racines du dogmatisme qui caractérise des conceptions comme celle de Spinoza[1]. »

Cependant, deux ans plus tard, le critique Sg publie un second article dans la *Bibliothèque générale allemande*[2], où il accuse de nouveau, et plus fortement encore, Kant de spinozisme, et où il dit même que Kant a été loin de comprendre sa propre doctrine. Et Kant a beau dire dans ses écrits ultérieurs qu'il n'y a rien de plus opposé au spinozisme que la *Critique*; l'idée de voir chez lui, au moins un flottement entre le panthéisme et le théisme, sinon une doctrine proprement dite du spinozisme, n'en a pas moins subsisté[3]. Aussi, cette idée constitue-t-elle l'une des bases mêmes sur lesquelles les

1. *Was heisst sich im Denken orientieren?* (1786), p. 144, note, vol. VII de l'éd. de l'Acad. de Berlin.

Sauf indication particulière, c'est à cette édition que nous renvoyons le lecteur.

2. T. LXXXII (1788).

3. Il est à remarquer qu'au temps de Kant le spinozisme signifiait surtout antithéisme. Ainsi Reinhold, en parlant des théistes, — c'est-à-dire de ceux qui croient en un Dieu personnel, créateur du monde, — les oppose aux spinozistes (panthéistes). Cf. Reinhold, *Versuch einer neuen Theorie des menschlichen Vorstellungsvermögens* (1789), p. 27 et suiv.

Quant à la querelle Jacobi-Mendelssohn, c'est cette opposition même qui en constitue l'idée centrale. Cf. V. Delbos, *Le Problème moral dans la philosophie de Spinoza et dans l'histoire du spinozisme*, Paris, Alcan, 1893, p. 242 et suiv. L. Lévy-Bruhl, *La philosophie de Jacobi*, Paris, Alcan, 1894, p. 139 et suiv.

grands métaphysiciens, successeurs de Kant, comme Reinhold, Fichte, Schelling, Fries, etc., bâtissent leurs systèmes. Et il n'y a pas bien longtemps que Paulsen revenait précisément à cette idée pour expliquer la philosophie visée par la *Critique de la raison pure*.

Quant à la thèse du théisme absolument transcendant, elle a été envisagée surtout par Cohen : « L'une des caractéristiques essentielles de la religion juive, dit Cohen, est le théisme transcendant ou anti-panthéistique. Dieu est la moralité dans toute sa pureté, c'est-à-dire la moralité sans aucun mélange avec ce qui constitue la science humaine; tandis que le sens de l'homme est d'arriver à la moralité par la science. Cette conception éminemment juive se retrouve presque telle quelle chez Kant. Kant n'a fait autre chose que corriger le *Nouveau Testament* par l'*Ancien Testament*[1]. »

Or, si l'on admet l'une ou l'autre des deux thèses, on

1. « Das Wesen Gottes ist die Sittlichkeit und nur die Sittlichkeit... Die Natur ist die Schöpfung Gottes. Gott ist nicht Natur... Die intime Gleichartigkeit des religiösen Gedankens mit dem Judenthum zeigt sich bei Kant vor allem darin, dass er von der Dreieinigkeit die er in seiner Religionsschrift... nur den Sohn Gottes annimmt, diesen aber mit der Idee der Menschheit gleichsetzt... Die Schöpfung selbst hat nur Sinn für die Sittlichkeit; sie darf aber der Mathematik nicht widersprechen... Es ist geradezu verwunderlich, dass hierbei eine noch intimere Verwandtschaft zwischen Kant und dem Judenthum zu Tage tritt. Kant unterscheidet in seinem System die Ethik von der Logik. Beide ressortieren aus der Vernunft; aber er unterscheidet die praktische, die sittliche Vernunft von der theoretischen ». (Cohen, *Innere Beziehung der Kantischen Philosophie zum Judentum*, Berlin, Mayer, 1910, p. 51-52). — « Der Gott des Judentums ist der jenseitige Gott (antipanthéisme) ». (*Ibid.*, p. 53.) « Der philosophierende Jude fühlt sich wie heimatlich angehaucht auf dem Kants... » (p. 59-60). — « In der Dreieinigkeit der Kritiken liegt das System. Die Kritik der reinen Vernunft sei die « Propä-

rejette aussi bien le christianisme en général que le christianisme de Kant en particulier. Car sous quelque forme qu'il se présente, — fût-ce même en fonction du rationalisme, comme il est chez Kant, — le christianisme doit consister dans le fait d'admettre Jésus-Christ comme intermédiaire, et comme le seul intermédiaire, entre l'homme et Dieu ; c'est-à-dire que sous quelque forme qu'il se présente, le christianisme ne saurait admettre, sans se contredire, ni le théisme absolument immanent ni le théisme absolument transcendant. Aussi Cohen, par exemple, qui s'est occupé à préciser le sens du christianisme afin de pouvoir le mettre sous la forme d'une contradiction, a-t-il justement vu que le théisme du christianisme ne pouvait être ni absolument immanent ni absolument transcendant [1].

deutik » ; denn sie ist die Grundlegung der Methode, aber freilich der Methode des Systems... Das System des kritischen Idealismus führt die geistige Disposition seines Urhebers durch. Das System entspringt in der Unterscheidung von mathematischer Naturwissenschaft und Metaphysik der Moral... » (Cohen, *Kant's Theorie der Erfahrung*, II. Auflage, Berlin, 1885, Sechzehntes Kapitel, p. 576, 616.) — « Für Kant stand also die Frage nicht so : welche geschichtliche Bedeutung hat die Religion, als Monotheismus, für die Anwendung und Verwirklichung des Sittengesetzes im Leben der Völker? Sein ausgesprochener Zweck war *die ethische Idealisierung des Christentums*, und zwar ausschliesslich nach seiner Urkunde im Neuen Testament, mit nachdrücklicher Aberkennung alles ethischen Grundgehalts im Alten... Gehen wir nun zunächst auf den Begriff vom *Sohne Gottes* ein, so stösst uns zuvörderst sein Verhältnis zum Begriffe des *homo noumenon*... diese Antinomie zwischen dem *homo noumenon* und *Christus*... ». (Cohen, *Kant's Begründung der Ethik*, II. Auflage, Berlin, 1910, p. 462, 471, 472.)

1. « ... So vereinigt sich die christliche Kunst mit dem christlichen Glauben, mit der religiösen Litteratur in dem Bestreben der Weltgeschichte : den Gegensatz von Transscendenz und Immanenz auszugleichen und aufzuheben... ». (Cohen, *Kant's Begründung der Aesthetik*, Berlin, 1889, Historische Einleitung, p. 19.)

C'est là, d'ailleurs, l'opinion de tous ceux qui ont cherché à préciser le sens du christianisme. Ainsi, M. Delacroix, par exemple, qui s'est tout spécialement occupé du mysticisme chrétien, dit à ce sujet : « Le mysticisme chrétien est orienté à la fois vers le Dieu inaccessible, où disparaît toute détermination et vers le Dieu Logos, le Verbe de Dieu, raison et sainteté du monde. Malgré les apparences parfois contraires de l'absorption dans le Père, il est au fond le mysticisme du Fils. Il aspire à faire de l'âme un instrument divin, un lieu où la force divine se pose et s'incarne, l'équivalent du Christ... [1] »

Quelle est donc, au juste, la Métaphysique qui se dégage de la *Critique de la raison pure* [2] ? Consiste-t-elle vraiment en un théisme antichrétien ? Il y a évidemment bien des manières possibles pour arriver à la solution de cette question. Ainsi, on pourrait d'abord étudier l'influence historique du christianisme sur la formation de la conception de Kant, car on sait que Kant a reçu une forte éducation chrétienne. Puis, dans la propre conception de Kant, on pourrait examiner la distinction entre la raison théorique et la raison pratique. Car, conformément à cette distinction, Dieu est transcendant en tant qu'objet de notre connaissance, mais il est immanent en tant qu'objet de notre conduite [3]. Et on pourrait encore étudier l'histoire de la

---

1. Henri Delacroix, *Etudes d'histoire et de psychologie du mysticisme*, Paris, Alcan, 1908, préface, p. XIII.

2. Il est évident qu'en nous posant cette question, nous n'adoptons nullement la thèse de Vaihinger selon laquelle Kant aurait poursuivi la destruction de toute tendance métaphysique. Il est d'ailleurs à remarquer que c'est là une thèse que presque personne n'a adoptée, malgré la profonde érudition avec laquelle Vaihinger l'a soutenue.

3. « Wird nun aber unsere Erkenntnis auf solche Art durch reine praktische Vernunft wirklich erweitert, und ist das, was für die

causalité chez Kant. Car Kant pose un tel rapport
entre la cause et l'effet (nous parlons de la causalité
réelle, distincte de la relation simplement logique) que
ce rapport paraît conduire à un théisme situé à mi-
chemin entre le théisme absolument immanent et le
théisme absolument transcendant[1]. Mais on pourrait
aussi, nous semble-t-il, examiner le rapport, qu'il y a
chez Kant, entre son dualisme et son théisme. Car en
analysant, chronologiquement, les principaux écrits de
Kant, nous avons trouvé que dans tous ces écrits le
théisme de Kant se lie entre autres à un dualisme bien
radical et bien réel du monde[2], dualisme bien différent

speculative *transcendent* war, in der praktischen *immanent*? Allerdings, aber *nur in praktischer Absicht...* ». (Kant, *Kritik der praktischen Vernunft*, 1788, Dialektik, Ueber die Postulate der reinen
praktischen Vernunft überhaupt, vol. V de l'éd. de l'Acad. de
Berlin, p. 133.)

1. « Das nothwendige Wesen enthält die höchste Realität... Weil
ein solches Wesen also das realste unter allen möglichen ist, indem
sogar alle andere nur durch dasselbe moglich sind, so ist dieses
nicht so zu verstehen, dass alle mögliche Realität zu seinen Bestimmungen gehöre... » (*Der einzig mögliche Beweisgrund zu einer
Demonstration des Daseins Gottes*, 1763, vol. II de l'éd. de l'Acad. de
Berlin, I. Abt., 3. Betracht., par. 6, p. 85 et suiv.). — « Wie soll ich
es verstehen, *dass, weil Etwas ist, etwas anders sei?...* der Wille
Gottes enthält den Realgrund vom Dasein der Welt. Der göttliche
Willo ist etwas, die existierende Welt etwas ganz anderes. Indessen
durch das eine wird das andere gesetzt... ». (*Versuch den Begriff der
negativen Grössen in die Weltweisheit einzuführen*, 1763, vol. II de
l'éd. de l'Acad. de Berlin, 3. Abschn., Allgemeine Anmerkung,
p. 202-204.)

2. Ce dualisme revêt, chez Kant, bien des formes : dualisme des
forces vives et des forces mortes ; dualisme de l'attraction et de la
répulsion ; dualisme de la sensibilité et de la raison ; dualisme du
sensible et de l'intelligible ; dualisme du mal et du bien, etc... Mais
ce sont là toujours des formes du même dualisme : du dualisme
radical qui caractérise le monde donné.

donc à la fois du parallélisme d'un Spinoza et de l'idéalisme systématique d'un Cohen, et qui, comme tel, ne saurait, peut-être, conduire ni au théisme absolument immanent d'un Spinoza ni au théisme absolument transcendant d'un Cohen ; mais à un théisme qu'on pourrait appeler « transcendantal » ou, plus précisément, « relativement transcendant », donc chrétien [1]. Aussi, vou-

1. Kant lui-même désigne sa philosophie du nom de « transcendantale ». Et par là il combat à la fois l' « immanent » et le « transcendant », en voulant dire que la vérité se trouve entre les deux. Il serait donc plus ou moins légitime d'appeler son théisme un « théisme transcendantal ». Cependant, comme le mot « transcendantal » chez Kant a avant tout un sens épistémologique, il serait plus ou moins vague si l'on s'en servait en Métaphysique. C'est pourquoi nous préférons l'expression du « théisme relativement transcendant » qui nous montre bien que Dieu pour Kant est, en effet, en dehors du monde (transcendant au monde) mais que toutefois, en un certain sens (virtuel) il est aussi dans le monde (immanent au monde).

Paulsen a déjà soutenu que le théisme de Kant ne pouvait être qu'une sorte de juste milieu entre le théisme proprement dit (transcendant) et le panthéisme. Mais il est encore allé jusqu'à dire qu'au fond Kant a incliné vers le panthéisme plutôt que vers le théisme. Aussi appelle-t-il le théisme de Kant un *panenthéisme*. Nous croyons, au contraire, pour les raisons qui constituent l'objet du présent travail, que Kant a, non pas seulement en ce qui concerne la forme, mais encore en ce qui concerne le fond de sa pensée, incliné vers le théisme plutôt que vers le panthéisme. Cependant — et toujours pour les mêmes raisons — nous sommes bien loin de dire avec Cohen que l'antipanthéisme de Kant s'éloigne du christianisme pour s'approcher du judaïsme.

Nous acceptons donc la thèse de Paulsen, mais avec la réserve que nous venons de mentionner. Voici quelle est, dans ses lignes générales, la thèse de Paulsen : « Das Ziel aller Bemühungen Kant's ist die *Begründung einer wissenschaftlichhaltbaren Metaphysik nach neuer Methode.* Und zwar handelt es sich dabei um eine Metaphysik, die über die Natur, über die physische Welt hinausführt zur Welt des wahren Seins, zum *mundus intelligibilis.* Von den ersten Schriften

drions-nous, par le présent travail, attirer l'attention de ceux qu'intéresse la nature de la Métaphysique de Kant, sur cette connexion qui, à notre connaissance, n'a pas encore été assez remarquée. Car cette connexion du dualisme et du théisme se présente si souvent et si fortement chez Kant, qu'elle pourrait peut-être jeter quelque lumière sur la Métaphysique qui se dégage de la *Critique de la raison pure*. Ainsi, nous n'aurons à discuter ici ni la thèse du prétendu panthéisme de Kant ni l'autre thèse diamétralement opposée à celle-là ; nous voudrions pour le moment, disons-le encore une fois, soumettre à la réflexion de ceux qu'intéresse la nature de la Métaphysique de Kant, la rencontre fréquente chez celui-ci d'une sorte de connexion entre un dualisme radical dans le monde et la conception d'un Dieu en dehors du monde. De même, nous laissons tout à fait de côté aussi bien la question de l'origine du dualisme que la question de l'origine du théisme et la question de l'origine de la connexion du dualisme et du théisme de Kant. Disons toutefois que c'est la connaissance de son dualisme qui nous a conduit à la connaissance de la connexion que nous voudrions mettre en lumière. Le présent travail s'inspire des études qu'a faites sur Kant notre maître en Sorbonne, M. Victor

bis zu den letzten Zeilen, die wir von seiner Hand haben, ist dies die durchgehende Grundtendenz seines Denkens. Die Mittel wechseln, das Ziel bleibt dasselbe ». (Paulsen, *Immanuel Kant*, II. und III. Auflage, Stuttgart, 1899, p. 286) «... Kant's Stellung ist auf Seiten des Theismus, allerdings eines den Anthropomorphismus entschieden abstreifenden und dem Pantheismus sich annähernden Theismus. Ganz geeignet zur Bezeichnung seiner Ansicht wäre der später gebildeté Ausdruck *Panentheismus* : *Gott ein supramundanes Wesen* (par rapport au monde sensible), *dem die Wirklichkeit* (le monde intelligible) *immanent ist.* » (*Ibid.*, p. 265.)

Delbos, qui nous a semblé avoir mis en relief la nature
profondément dualiste de la philosophie de Kant. « Ce
qui reste au fond de l'esprit allemand comme principal
ressort de son activité, — dit M. Delbos, — c'est le sens
ou l'idée de la Nature infinie et divine, créatrice d'elle-
même[1]... Cette tendance de l'Allemagne à reconstituer
le spinozisme fut contrariée et un instant arrêtée par
la philosophie de Kant. La philosophie de Kant offre
avec la philosophie de Spinoza un si frappant contraste,
qu'on a peine d'abord à s'expliquer comment les doctrines
allemandes, issues du kantisme, se sont aisément péné-
trées de l'esprit spinoziste. Ce qui est peut-être plus singulier, c'est que la philosophie de Kant ait pu naître et se
développer dans une nation prédestinée au spinozisme
par tous ses instincts intellectuels... si elle (la philosophie
de Kant) frappe d'interdit toutes les prétentions ontolo-
giques de la raison, c'est pour mieux rendre à la raison
la conscience de sa spontanéité propre à l'égard et même
à l'encontre de la spontanéité de la nature[2]... Kant, sans
direction préconçue, a évolué vers le système, qui s'est
constitué pièce à pièce avant de s'organiser dans son
esprit... L'idée architectonique dont parle Kant... est une
conquête, non un don. Elle ne se produit qu'au terme de
la lutte engagée en divers sens contre l'obstacle le plus
invincible à sa vertu organisatrice, à savoir la contradiction : mais c'est cette lutte même qui a peu à peu orienté
l'esprit de Kant vers elle, et lui en a découvert la force et
l'autorité souveraines. De bonne heure, en effet, Kant a
excellé à saisir les oppositions des doctrines avec les

1. Victor Delbos, *Le problème moral dans la philosophie de Spinoza
et dans l'histoire du spinozisme*, Paris, Alcan, 1893, p. 230.
2. *Ibid.*, p. 242-243.

faits : c'est la conscience vive de ces oppositions qui a excité sa pensée et lui a prescrit la formule des problèmes à résoudre : il est le philosophe des antinomies. Expérience et raison, mathématiques et philosophie naturelle, science et moralité, certitude et croyance : les contradictions surgissent de partout, et les contradictions exigent d'être surmontées... Leibniz, en particulier, ne s'était-il pas donné pour tâche de ramener à l'accord les doctrines antagonistes ?... Mais à dire vrai, si la pensée de Leibniz et celle de Kant se flattent également de résoudre des oppositions, il ne semble pas que ce soit dans le même sens ni par les mêmes voies. Leibniz n'aperçoit, d'ordinaire, les extrêmes à unir que dans leur rapport à l'idée conciliatrice qu'il a déjà inventée ou qu'il pressent ; il constate les antinomies visibles, plus encore qu'il ne poursuit les antinomies invisibles... Chez Kant, au contraire, ce n'est pas sous l'espèce de synthèses déjà plus ou moins effectuées que les thèses et les antithèses sont conçues [1]... Kant n'a voulu fonder sa philosophie pratique qu'en l'accordant avec sa philosophie théorique [2]... Entre la nécessité et la liberté, l'accord n'est possible que grâce à la doctrine par laquelle Kant a définitivement justifié la vieille distinction du monde intelligible et du monde sensible [3]... La distinction radicale des principes matériels et des principes formels peut seule assurer véritablement la distinction correspondante d'une faculté de désirer inférieure et d'une faculté de désirer supérieure [4] ».

1. Victor Delbos, *La Philosophie pratique de Kant*, Paris, Alcan, 1905, p. 56-58.
2. *Ibid.*, p. 65.
3. P. 217.
4. P. 427.

Ainsi, nous sommes parti de la nature dualiste de la philosophie de Kant, nature mise en relief par M. Delbos dans ses études sur celui-ci, et nous nous sommes demandé : « Le problème spécial de la nature du théisme de Kant, ne recevrait-il pas quelque lumière si on l'examinait par le prisme du dualisme qui caractérise la philosophie de Kant en général » ?

Mais, dira-t-on : « Dans quelle mesure le dualisme par lequel vous voulez expliquer le théisme de Kant se trouve-t-il dans la *Critique de la raison pure ?* Car, n'oubliez pas que toute la question est de savoir quelle est la nature de la Métaphysique (théologique) de Kant qui se dégage de la *Critique de la raison pure* ». A quoi nous répondrons : « Nous voulons justement montrer que dans la *Critique de la raison pure* Kant atténue assez sensiblement son dualisme précédent, mais que, cependant, cette atténuation n'est, en dernière analyse, que la préparation, jugée nécessaire par Kant, à la position précise de son dualisme ante-critique, dualisme qui, selon Kant, conduit à la solution des problèmes métaphysiques. De sorte que l'importance de la *Critique de la raison pure* est, en effet, ainsi qu'on l'a dit, capitale pour la discussion du théisme de Kant. Seulement, nous croyons qu'on ne peut comprendre cette importance qu'en sachant justement que la *Critique de la raison pure* n'est autre chose que la préparation, jugée nécessaire par Kant, à la position précise de son dualisme antécritique, dualisme qui, selon Kant, conduit à la solution des problèmes métaphysiques. C'est-à-dire que nous croyons que la *Critique de la raison pure* n'est pas la conception elle-même de Kant sur le rapport entre le monde et Dieu, mais qu'elle est seulement la préparation à cette conception, et qu'elle est donc, en ce qui concerne sa nature métaphysique, inintelligible sans ce qui la précède et sans ce qui la suit. »

Voici, maintenant, la méthode que nous avons employée dans notre étude : nous avons voulu que cette étude fût aussi objective que possible. Aussi, nous sommes-nous efforcé de nous effacer aussi complètement que possible devant l'auteur examiné ; c'est-à-dire que nous avons cherché à laisser parler Kant lui-même. Cependant, comme il s'agissait pour nous d'attirer l'attention du lecteur sur un point déterminé de la philosophie de Kant, à savoir sur la connexion entre son dualisme et son théisme, nous sommes de temps en temps intervenu nous-même, mais seulement dans l'intention précisément d'attirer l'attention du lecteur sur la connexion que nous voulions mettre en lumière.

Quant à la division de notre travail, elle est la suivante : il comprend trois chapitres consacrés : le premier aux écrits antérieurs à la *Critique de la raison pure* ; le second à la *Critique de la raison pure* ; le troisième aux écrits postérieurs à la *Critique de la raison pure*.

ESSAI SUR LE RAPPORT

LE DUALISME ET LE THÉISME

DE KANT

CHAPITRE PREMIER

Les écrits antérieurs à la Critique de la raison pure.

1. Les Forces Vives. — 2. Théorie du Ciel. — 3. Nova Dilucidatio.
— 4. L'Unique Fondement. — 5. Les Quantités Négatives. — 6. Etude
sur l'évidence. — 7. Les Rêves d'un visionnaire. — 8. La Dissertation. — 9. Les Leçons sur la Métaphysique.

1. *Les Forces Vives*[1].

Je pense, dit Kant, apporter quelque lumière à la doctrine des forces vives, en précisant certaines notions métaphysiques sur la force en général[2]. Le problème se pose de

---

1. *Gedanken von der wahren Schätzung der lebendigen Kräfte*, 1747, vol. I de l'éd. de l'Acad. de Berlin.
2. « Weil ich glaube, dass es etwas zu der Absicht beitragen kann, welche ich habe, die Lehre von den lebendigen Kräften einmal

la manière suivante : Leibniz admet avec Descartes que la quantité de la force est toujours la même dans le monde. Mais il se refuse à admettre avec le même philosophe que cette quantité a pour mesure le produit de la masse par la vitesse pure et simple (mv). Il dit que sa véritable mesure consiste dans le produit de la masse par le carré de la vitesse (mv^2). Il trouve que la conception de Descartes est indigne de l'idée que nous devons avoir de l'être divin : elle présuppose une intervention continuelle de Dieu dans le processus du monde [1]. Or, où est la vérité : du côté de Leibniz ou du côté de Descartes ?

Descartes et Leibniz croient, en se plaçant chacun à son point de vue, que le monde consiste dans un seul et même genre de forces. Mais il n'en est rien. En réalité, la force qui se manifeste dans le monde est de deux sortes : il y a, justement, d'une part, la force que considère Descartes, et, d'autre part, la force qu'envisage Leibniz. En effet, si nous prenons, par exemple, la conception leibnizienne, nous voyons qu'elle ne peut se soutenir qu'en faisant sa part à la conception cartésienne. Ainsi, les leibniziens reconnaissent eux-mêmes qu'il y a, en effet, une mesure mv de la force; mais ils soutiennent que ce

gewiss und entscheidend zu machen, wenn ich vorher einige metaphysische Begriffe von der Kraft der Körper überhaupt festgesetzt habe : so werte ich hievon den Anfang machen » (*Gedanken von der wahren Schätzung der lebendigen Kräfte*, I, par. 1, p. 17).

1. « Bis hieher haben wir gesehen, wie sich Leibnizens Anhänger des Zusammenstosses elastischer Körper bedient haben, die lebendigen Kräfte dadurch zu verteidigen... Sie haben aber auch einen metaphysischen Grund... Leibniz glaubte, es sei der Macht und Weisheit Gottes unanständig, dass er genötigt sein sollte, die Bewegung, die er seinem Werke mitgeteilt, ohne Unterlass wieder zu erneueren » (*Ibid.*, par. 48, p. 58 et suiv.).

n'est là que le côté négatif de la force, c'est-à-dire que ce n'est là que la force considérée en repos ou en tant que simple tendance s'opposant à une certaine direction, — et nullement, donc, le véritable aspect, positif, de la force, ou la véritable force, en mouvement, qui, elle, se mesure par mv^2. Or, faisons remarquer aux leibniziens que toute la question est, précisément, d'expliquer ce saut de mv à mv^2, — sans contredire la loi de la continuité. Comment l'expliquer ? Il n'y a qu'un seul moyen, à savoir admettre l'existence bien réelle à la fois des forces cartésiennes et des forces leibniziennes. Les forces que Descartes pouvait mesurer si mathématiquement (par mv), existent véritablement comme telles, mais à titre de simples *forces mortes*. De même, les forces auxquelles Leibniz ne pouvait assigner d'autre mesure que celle, bien peu mathématique, de mv^2; ces forces existent véritablement comme telles, mais à titre de *forces vives*. Il faut donc admettre qu'un corps peut être mis en mouvement non pas seulement par une force vive ou dite en mouvement, mais encore par une force morte ou dite en repos [1], — et que celle-ci peut à la longue, c'est-à-dire par un lent développement ou en vertu même à la fois du principe de sa nature et de ses rapports avec les autres forces, devenir une force vive.

Ainsi, selon Kant, la force qui constitue le processus du monde donné consiste, au fond, en deux genres de forces de sens contraire. Or, quelle est la conclusion métaphysique que Kant tire de là ? Kant nous l'a déjà indiquée dans l'énoncé du problème, et il ne manque pas de nous la répéter : trouver une solution qui soit digne de la con-

[1] « Es kommt alles darauf an, dass ein Körper eine wirkliche Bewegung erhalten könne, auch durch die Wirkung einer Materie, welche in Ruhe ist. Hierauf gründe ich mich » (par. 51, p. 62).

ception que nous devons avoir de Dieu, c'est-à-dire une solution qui n'invoque nullement l'intervention continuelle de Dieu[1] dans le processus du monde, comme si Dieu avait besoin, à chaque moment, de refaire ce qu'il avait déjà fait.

Ainsi, Kant pose dès son premier ouvrage même une certaine connexion entre le dualisme et le théisme. — Nous allons voir comment cette connexion se précise et s'affirme de plus en plus dans les autres écrits de Kant[2].

1. « Wie werden wir also dem Streiche ausweichen, den der Herr von Leibniz dem Cartesianischen Gesetze durch die Betrachtung der Weisheit Gottes beibringen wollen ? (*Ibid.*) — Dass ein Körper eine wirkliche Bewegung erhalten könne, auch durch die Wirkung einer Materie, welche in Ruhe ist. Hierauf gründe ich mich (*loc. cit*). So rettet sich hier die Macht und Weisheit Gottes schon selber... » (par. 49, p. 59.) Die « Bewegungen in diesem Weltgebäude... sind nicht durch die unmittelbare Gewalt Gottes « (par. 51, p. 62).

2. Dans son étude sur *Martin Knutzen und seine Zeit* (1876), M. Benno Erdmann cite un passage des *Forces Vives* qui montre que Kant a composé cet écrit sous l'influence de Martin Knutzen, son maître et le philosophe de l'*influx physique*. Dans ce passage, Kant paraît, en effet, rappeler l'influence de Knutzen ; mais il paraît aussi, et surtout, croyons-nous, reprocher à Knutzen de ne pas avoir posé le *dualisme* qu'il pose. Voici ce passage : « Es hat einen gewissen scharfsinnigen Schriftsteller (Knutzen) nichts mehr verhindert, den Triumph des physischen Einflusses über die vorherbestimmte Harmonie vollkommen zu machen, als diese kleine Verwirrung der Begriffe (der bewegenden und der wirkenden Kraft) » (cf. B. Erdmann, *M. Knutzen*, p. 143 ; Kant, *Gedanken v. d. w. Sch. d. l. Kr.*, I, par. 6, p. 21). Ce passage nous semble donc prouver que Kant a, dès son premier écrit même, posé le dualisme qui sera toujours l'idée profondément originale de sa philosophie. Quant aux ouvrages postérieurs à celui des *Forces Vives*, ils ne font que mettre de plus en plus en lumière cette idée. Voir par exemple ce passage bien caractéristique de la *Nova Dilucidatio* où Kant nous dit que sa thèse réfute aussi le système de l'*influx physique*, qui consiste à admettre qu'on peut expliquer le rapport entre les substances par la considération pure et simple des substances mêmes, c'est-à-dire

2. *Histoire universelle de la Nature et Théorie du Ciel* [1].

C'est l'ouvrage où Kant émet cette célèbre théorie de la nébuleuse que, plus tard, et sans connaître Kant, Laplace émettra aussi à son tour. Or, si Kant diffère en quelque chose de Laplace, c'est, semble-t-il, par un dualisme conduisant à un théisme relativement transcendant. « La nébuleuse originelle de Laplace, — dit M. G. Milhaud dans un article consacré à *Kant comme savant* [2], — est une atmosphère gazeuse, entourant un noyau central, qui se forme par condensation, pendant que l'ensemble *tourne sur lui-même tout d'une pièce*. L'atmosphère s'étend jusqu'au point limite où la force centrifuge due au mouvement fait équilibre à la pesanteur. Quand elle se resserre, par suite du refroidissement de la surface, sa vitesse de rotation et, avec elle, la force centrifuge augmente. Le point limite de l'atmosphère se rapproche du centre, et celle-ci abandonne alors un anneau, qui continue d'abord à tourner librement autour du soleil, et donne enfin naissance, par concentration, à une planète ou à un groupe de planètes. — Telle est l'idée fondamentale de la théorie de Laplace. Elle est conforme aux notions essentielles de la Dynamique.

Tout autre est la théorie de Kant. Au lieu de la masse

sans faire appel à un Dieu créateur et en dehors du monde. (*Nova Dilucidatio*, section III, prop. XIII, Usus 6. p. 415-416). On peut en dire autant de l'influence de Bernoulli sur laquelle insiste, entre autres, Ueberweg.

1. *Allgemeine Naturgeschichte und Theorie des Himmels*, 1755, I.
2. G. Milhaud, *Kant comme savant* (*Revue philosophique*, 1895).

gazeuse qui tourne tout d'une pièce d'un mouvement naturel, sa nébuleuse se compose d'éléments très petits de matière, distincts les uns des autres, capables de prendre des mouvements indépendants, mais tous primitivement au repos. Ce repos ne dure pas, parce que « les éléments, dit Kant, possèdent, par essence, les forces qui peuvent les mettre en mouvement et sont pour eux sources de vie ». Ces forces sont, d'une part, l'attraction newtonienne, et, d'autre part, une force répulsive sensible à petite distance.

Ainsi, Kant pose d'abord un ensemble de points matériels indépendants les uns des autres, qui tout à coup sortent du repos sous l'action de forces intérieures, et dont les mouvements se modifient jusqu'à ce qu'ils cessent de se contrarier, c'est-à-dire jusqu'à ce qu'ils se réduisent à des rotations circulaires parallèles et de même sens.

En faisant dériver de l'action des seules forces intérieures, les mouvements circulaires de même sens des molécules primitivement au repos, Kant heurtait un principe qui, dès le milieu du xviiie siècle, était devenu courant, *le principe des airs*. Kant n'a pas vu que les mouvements rotatoires des éléments de la nébuleuse ne pouvaient être que les équivalents de la rotation initiale. C'était pécher contre la notion mathématique de l'inertie, au moins dans un de ses sens dérivés. La nébuleuse est d'abord au repos : ce repos ne dure qu'un instant, soit; mais ce sont des forces intérieures qui, brusquement, vont y mettre fin! Ces forces apparaissent-elles subitement? Ce n'est pas l'idée de Kant, qui ne pourrait, dans ce cas, que s'en remettre à Dieu pour cette création instantanée, et qui rééditerait ainsi, sous une nouvelle forme, la chiquenaude initiale, à propos de laquelle il proteste si énergiquement contre Newton. Mais alors, comment un temps, si court qu'il fût, a-t-il pu s'écouler sans que ces forces agissent? Cela est tellement contraire au principe d'inertie, que nous renoncerions à comprendre sur ce point la pensée de Kant, — nous défiant de quelque interprétation inexacte, — si nous ne songions à une idée chère au philosophe de Königsberg, que nous apprend à connaître son traité sur les *Forces Vives*[1].

En effet, l'esprit métaphysique de la *Théorie du Ciel* est, au fond, le même que celui des *Forces Vives*. Dans la préface de la *Théorie du Ciel*, Kant nous dit en propres termes qu'il n'a rien plus à cœur que de concilier la Religion avec la Science[2]. — Mais comment réalise-t-il cette conciliation? C'est en posant justement un dualisme bien réel et bien radical du monde considéré en lui-même, à savoir l'*attraction* de Newton et la *répulsion* qui n'est pas empruntée en entier au système de Newton[3]. Or, quel genre de théisme pourrait se déduire d'un tel dualisme, sinon le théisme relativement transcendant? Kant en a bien l'intention lorsqu'il pose la nébuleuse absolu-

1. Article cité, p. 489-491.

2. « Ich habe nicht eher den Anschlag auf diese Unternehmung gefasst, als bis ich mich in Ansehung der Pflichten der Religion in Sicherheit gesehen habe..... ich behaupte : dass die Verteidiger der Religion..... den Streit mit den Naturalisten verewigen, indem sie ohne Not denselben eine schwache Seite darbieten.....» (*Théorie des Himmels*, I, p. 221-222.)

3. « Ich habe, nachdem ich die Welt in das einfachste Chaos versetzt, keine andere Kräfte als die *Anziehungs* und *Zurückstossungskraft* zur Entwickelung der grossen Ordnung der Natur angewandt, zwei Kräfte, welche beide gleich gewiss, gleich einfach und zugleich gleich ursprünglich und allgemein sind. Beide sind aus der Newtonischen Weltweisheit entlehnt. Die erstere ist ein nunmehr ausser Zweifel gesetztes Naturgesetz. Die zweite, welcher vielleicht die Naturwissenschaft des Newton nicht so viel Deutlichkeit als der ersteren gewähren kann, nehme ich... » (*Ibid*, p. 234.)

ment en repos, c'est-à-dire sous la forme de l'équilibre
absolu des deux termes du dualisme du monde, donc
incapable de mouvement par elle-même, — qu'il en fait
cependant surgir le mouvement, — et qu'il est toutefois
loin d'admettre la chiquenaude initiale. Mais tout cela
deviendra de plus en plus clair par les analyses suivantes.

3. *Nova Dilucidatio*[1].

Cet ouvrage, qui est le premier essai de Kant pour
réformer la logique, se compose de trois sections : la
première traite du principe de contradiction ; la seconde
s'occupe du principe de la raison suffisante ; et la troisième pose, à la suite de la réforme du principe de la
raison, deux nouveaux principes : ceux de la succession
et de la coexistence.

Du principe de contradiction. — On croit, dit Kant, que
le principe suprême de la pensée est le principe de contradiction : *Impossibile est idem simul esse ac non esse.* Or, il
n'en est rien. Il n'y a pas un principe absolument *unique*
et universel pour toutes les vérités[2]. En effet, un tel principe, par le seul fait qu'il est unique, devrait être une
proposition simple. Mais il y a deux sortes de propositions
simples : affirmatives et négatives. De quelle sorte serait
ce principe unique? Négatif? Mais alors comment servira-t-il de principe aux vérités positives? Est-il positif?

1. *Principiorum primorum cognitionis metaphysicæ nova dilucidatio*
(1755), I.

2. « Veritatum omnium non datur principium *unicum*, absolute
primum, catholicon ». (*Nova Dilucidatio*, I, section I, prop. I,
p. 388.)

Mais dans ce cas comment servira-t-il de principe aux
vérités négatives? Peut-on tirer, par exemple, une proposition affirmative d'une proposition négative? *Directement*,
non; mais ne le pourrait-on pas *indirectement*? Non.
Quand on croit tirer indirectement une proposition affirmative d'une proposition négative, on ne fait, en réalité,
que recourir à une proposition intermédiaire qui est de
par sa nature affirmative, à savoir à la proposition : *Est
vrai ce dont l'opposé est faux*. Et il faut en dire autant de
la prétention de tirer une proposition négative d'une proposition affirmative. Dans ce dernier cas on est forcé de
recourir à la proposition intermédiaire suivante : *Est
faux ce dont l'opposé est vrai*.

On voit donc qu'il est impossible d'admettre un principe unique pour toutes les vérités. Par contre, il est très
facile de montrer qu'il y a deux principes absolument
premiers de toutes les vérités : le *principe d'identité* pour
les propositions affirmatives et le *principe de contradiction* pour les propositions négatives [1]. En effet, on n'a
qu'à bien distinguer entre la *démonstration directe* et la
démonstration indirecte; la première a manifestement
pour fondement le principe d'identité; quant à la seconde,
qui consiste dans des propositions intermédiaires, — dont
nous venons déjà de parler, — elle commence par le principe de contradiction, mais elle finit par le principe
d'identité. Ce qui veut dire que tout notre raisonnement
revient à découvrir l'identité du prédicat avec le sujet.

1. « Veritatum omnium bina sunt principia absolute prima,
alterum veritatum affirmantium, nempe propositio : *quicquid est, est*,
alterum veritatum negantium, nempe propositio : *quicquid non est,
non est*. Quæ ambo simul vocantur communiter principium identi-
tatis. » (*Ibid.*, Prop. II, p. 389.)

Or, quelle est la conclusion métaphysique qui se dégage de cette réforme apportée au principe de contradiction? Peut-être que ces recherches, — dit Kant, — outre qu'on a dû les trouver subtiles et pénibles, ont paru superflues et dénuées de toute utilité. Cependant, on ne doit pas dédaigner de rechercher en quoi consiste au juste la loi qui régit les opérations de notre faculté de connaître. Car, — et pour n'en alléguer qu'un seul motif, — comme tout notre raisonnement revient à découvrir l'identité du prédicat avec le sujet, nous devons en conclure que Dieu n'a que faire du raisonnement. Dieu saisit infailliblement, par un acte unique d'intuition, les rapports de convenance et ceux de disconvenance, — tandis que l'homme a toujours besoin de cette analyse à laquelle le condamnent les ténèbres qui obscurcissent son entendement[1].

Du principe de la raison déterminante, appelée vulgairement suffisante. — Wolff, — dit Kant, — définit la

---

1. « Poterat forte cuipiam hæc disquisitio, sicuti subtilis et operosa, ita etiam supervacanea et ab omni utilitate derelicta videri. Et si corollariorum fecunditatem spectes, habes me assentientem. Mens enim, quanquam tale principium non edocta, non potest non ubivis sponte et naturæ quadam necessitate eodem uti. Verum nonne ideo digna erit disquisitione materia, catenam veritatum ad summum usque articulum sequi? Et certe hac ratione legem argumentationum mentis nostræ penitius introspicere non vilipendendum est. Quippe ut unicum tantummodo allegem, quia omnis nostra ratiocinatio in prædicati cum subiecto vel in se vel in nexu spectato identitatem detegendam resolvitur, ut ex regula veritatum ultima patet, hinc videre est : Deum non egere ratiocinatione, quippe, cum omnia obtutui ipsius liquidissime pateant, quæ conveniant vel non conveniant, idem actus repræsentationis intellectui sistit, neque indiget analysi, quemadmodum, quæ nostram intelligentiam obumbrat nox, necessario requirit ». (*Ibid.* Prop. III, Scholie, p. 391.)

raison, ce qui permet de concevoir pourquoi quelque chose est plutôt que de n'être pas. C'est là une définition vicieuse : le défini se trouve mêlé à la définition par l'introduction dans celle-ci du mot « pourquoi »[1]. Puis Wolff dit raison *suffisante*. Or, le mot « suffisant » est ambigu, car il ne nous dit pas au juste jusqu'à quel point la raison est suffisante, mais tout court qu'elle est « suffisante ». Il faut donc dire, avec Crusius, *raison déterminante*, car le mot « déterminer » a un sens précis; il signifie « affirmer de telle sorte que tout opposé soit exclu[2] ». Qu'est-ce donc que le *principe de la raison déterminante*? D'abord, conformément même au sens commun, la raison est ce qui détermine le rapport entre un sujet et un prédicat. Mais cette raison est de deux sortes : 1° *raison antécédemment déterminante*; 2° *raison conséquemment déterminante*. C'est-à-dire : 1° une raison proprement dite de l'existence, *ratio cur (genetica), essendi vel fiendi*; 2' une raison de simple constatation de l'existence effective de la raison précédente, une raison de la vérité, *ratio quod s. cognoscendi*. La raison antécédemment déterminante est donc celle dont la notion précède le déterminé

1. « Illustris Wolffii definitio... Definit enim rationem per id, unde intelligi potest, cur aliquid potius sit, quam non sit. Ubi haud dubie definitum immiscuit definitioni. Etenim quantumvis vocula *cur* satis videatur communi intelligentiæ accommodata, ut in definitione sumi posse censenda sit, tamen tacito implicat iterum notionem rationis. » (Section II, Prop. IV, p. 393.)

2. « Pariter enuntiationi *rationis sufficientis* vocem *rationis determinantis* surrogare satius duxi, et habeo ill. Crusium assentientem. Quippe ambigua vox est *sufficientis*, ut idem abunde commonstrat, quia, quantum sufficiat, non statim apparet; determinare autem cum sit ita ponere, ut omne oppositum excludatur, denotat id, quod certo sufficit ad rem ita, non aliter, concipiendam ». (*Ibid.*)

et sans laquelle le déterminé n'est pas intelligible; tandis que la raison conséquemment déterminante est celle qui ne serait pas posée, si la notion qui en est déterminée n'était pas déjà posée par ailleurs[1].

En effet, cherche-t-on la raison du cercle? Ce sera une raison conséquemment déterminante. Car que pourrait-on en chercher sinon sa définition ou un prédicat fourni par la Géométrie, en un mot : qu'est-ce que le cercle? Et de répondre : c'est de toutes les figures, d'un égal périmètre,

---

1. Cette distinction de Kant a été assez diversement interprétée. Riehl y voit le germe même de la future distinction de Kant entre le *synthétique* et l'*analytique*. (Cf. Riehl, *Der philosophische Kriticismus*, t. I, p. 252-253). D'autres, comme Marquardt, y voient une précision plus grande ou plutôt une véritable réforme de la distinction de Crusius entre *Realgrund* et *Idealgrund* (Cf. Marquardt, *Kant und Crusius*, Kiel, 1885, p. 15-17). Enfin, on a cru trouver chez Aristote et chez saint Thomas cette distinction de Kant (Cf. l'article de Johannes Hein : *Humes Kausaltheorie verglichen mit derjenigen Kant's* in *Philosophisches Jahrbuch*, t. XXIV, II. Heft).

Cependant, la question paraît bien simple. D'abord, il n'y a pas de doute que par cette distinction Kant veut prendre position par rapport à Crusius (Cf. Marquardt, op. cit., p. 15-17; Adickes, *Kant-studien*, t. I, p. 42-54, p. 55-56; Victor Delbos, *Philosophie pratique de Kant*, p. 81. — *L'Année philosophique* 1909-1910, p. 19-20). — De sorte que ce n'est nullement dans le sens de Crusius que Kant fait cette distinction, quoique Kant ait employé presque les mêmes expressions que Crusius pour l'établir. Puis si l'on se rapporte à ce passage de la *Tentative d'introduire dans la philosophie le concept des quantités négatives* où Kant compare, en l'opposant, sa distinction du *possible* et du *réel* à la distinction de Crusius entre le principe *idéal* et le principe *réel*, on voit bien clairement que, par sa distinction, Kant insiste surtout sur la différence qu'il y a entre l'attitude antilogique, mais dogmatique de Crusius, et sa propre attitude logique, mais antidogmatique (Cf. *Versuch den Begriff der negativen Grössen in die Weltweisheit einzuführen*, III. Abschn. Allgemeine Anmerkung, II, p. 203). Mais il est évident que, par là, Kant prend position surtout par rapport à Wolff, qui est un logicien dogmatique, même en matière de religion. Cf. plus bas.

celle dont la capacité est la plus grande. Cherche-t-on la raison du mal dans le monde? Ce ne sera plus la même raison, — comme dans le cas précédent, — qu'on cherchera, mais bien la raison d'être; car dans ce cas la raison de connaître (conséquemment déterminante) est déjà donnée par l'expérience, c'est-à-dire par le fait même de formuler le problème du mal. Pour faire bien saisir la différence entre les deux genres de raison, dit Kant, je donnerai l'exemple suivant : nous apprenons par l'expérience qu'il y a des éclipses des satellites de Jupiter. Cette connaissance empirique nous fait supposer une nature mathématique au mouvement de la lumière : pour que les éclipses aient lieu, il faut que la vitesse de la lumière se propage dans un temps assignable. Mais nous dit-elle aussi en quoi consiste la cause même de cette nature mathématique du mouvement de la lumière? Non, évidemment; elle ne fait que nous inciter à la recherche de cette cause, par le fait qu'elle nous donne à penser que si elle existe c'est qu'il doit y avoir quelque chose qui l'explique. Elle est donc une simple raison de la vérité, une raison conséquemment déterminante, une *ratio cognoscendi*. Quant à la véritable cause (raison antécédemment déterminante), elle est encore à découvrir. Mais sa découverte est déjà à moitié faite dès que la raison conséquemment déterminante nous en fait soupçonner l'existence. Et en effet, si l'on s'en rapporte à Descartes, cette raison tiendrait à l'élasticité des globules de l'air[1].

Ainsi, le principe de la raison est double : il y a une raison de l'existence, différente de la raison de la vérité. Pour affirmer la vérité, il suffit de l'identité entre le pré-

---

1. Section II, Prop. IV, p. 391-393.

dicat et le sujet, tandis que pour affirmer l'existence, il faut en chercher la raison antécédemment déterminante[1]. Or, pourquoi Kant conçoit-il de la sorte le principe de la raison suffisante? Il nous le dit bien clairement. Il fallait montrer que la conception de Wolff, d'après laquelle tout ce qui existe doit avoir sa raison d'être, était vicieuse, qu'elle ne s'appliquait qu'aux êtres contingents, et nullement à l'être suprême. En effet, Wolff raisonnait de la manière suivante : tout ce qui existe doit avoir sa raison d'être. Car dire : quelque chose n'a pas de raison, c'est dire quelque chose a pour raison « rien »; ce qui est absurde, puisque c'est attribuer à « rien » une certaine existence. Donc, tout ce qui existe doit avoir sa raison d'être. Or, Wolff devait dire : s'il y a quelque chose auquel on ne peut assigner d'autre raison que celle à laquelle ne correspond aucune notion, ce quelque chose est sans raison[2].

Mais ce n'est pas tout.

La division du principe de la raison en raison conséquemment déterminante et raison antécédemment déter-

---

1. Prop. VIII, Scholion, p. 396-397.

2. « Postremo, cur in demonstratione, ab. III. Wolffio et sectatoribus usurpata, acquiescere detrectaverim, brevius expediam. Illustris huius viri demonstratio, ut a perspicacissimo Baumgartenio enodatius exposita reperitur, ad hæc, ut paucis multa complectar, redit. Si quid non haberet rationem, nihil esset eius ratio; ergo nihil aliquid, quod absurdum. Verum ita potius informanda erat argumentandi ratio : si enti non est ratio, ratio ipsius nihil est i. e. non ens. Hoc vero ambabus manibus largior, quippe si ratio nulla est, conceptus ipsi respondens erit non entis; hinc si enti non poterit assignari ratio, nisi cui nullus plane conceptus respondet, ratione plane carebit, quod redit ad supposita. Hinc non sequitur absurdum, quod inde fluero opinabantur ». (Prop. VIII, Scholie, p. 397-398.)

minante, en raison de la vérité et en raison de l'existence,
nous apprend que la raison conséquemment déterminante ne peut décider que de la vérité et nullement de
l'existence de quelque chose; que, par conséquent, l'existence a besoin d'une raison antécédemment déterminante.
Mais, s'il arrive que quelque chose s'impose à nous
comme existant d'une manière absolument nécessaire,
c'est-à-dire donné comme existant seulement par une
raison conséquemment déterminante et nullement par
une raison antécédemment déterminante[1], que faut-il en
dire? Ce quelque chose ne peut-il pas avoir la raison de
son existence dans cette raison conséquemment déterminante qui nous fait le poser? Non, car, — ainsi que nous
venons de le voir, — une raison conséquemment déterminante ne peut décider que de la vérité et nullement de
l'existence de quelque chose. Mais ne peut-on pas dire,
avec les partisans de l'argument ontologique, que ce
quelque chose a en lui-même la raison de son existence?
Non, car il est absurde d'admettre que quelque chose ait
en soi la raison de son existence. Dire raison de l'existence de quelque chose, c'est dire cause de cette chose;
or, la cause est naturellement antérieure à l'effet. De
sorte que si l'on admettait qu'il existe quelque chose qui
ait en soi-même la raison de son existence, il s'ensuivrait
qu'il existe quelque chose qui est en même temps anté-
rieur et postérieur à soi-même; ce qui est absurde[2]. Par

1. Telle, par ex., l'idée de *Dieu*.

2. « Exsistentiæ suæ rationem aliquid habere in se ipso, absonum
est.

« Quicquid enim rationem exsistentiæ alicuius rei in se continet,
huius causa est. Pone igitur aliquid esse, quod exsistentiæ suæ rationem haberet in se ipso, tum sui ipsius causa esset. Quoniam vero

conséquent, s'il arrive que quelque chose s'impose à
nous comme existant nécessairement, ce quelque chose
n'existe ni en vertu de la simple raison conséquemment
déterminante qui nous fait le poser, ni en vertu d'une raison qui serait en lui-même. Mais alors, comment existe-
t-il? Il n'y a qu'une seule réponse possible : il existe sans
raison. *Il existe*; voilà tout ce qu'on peut en penser et en
dire[1]. Mais, existe-t-il vraiment quelque chose qui s'impose à nous comme existant d'une manière absolument
nécessaire? Oui ; c'est le *réel* en tant que fondement
nécessaire du *possible* : rien ne saurait être conçu comme
possible sans la supposition préalable de son existence
réelle qui le légitime. Voilà donc une démonstration de
l'existence de Dieu, qui est basée uniquement sur la possibilité même des choses ou sur l'existence même de Dieu[2],
et qui, comme telle, est plus à l'abri des critiques que toute
autre démonstration de ce genre. Cependant, la conviction de l'existence de Dieu n'est pas encore complète tant
qu'on n'est pas aussi fixé sur la nature du rapport entre

causæ notio natura sit prior notione causati, et hæc illa posterior :
idem se ipso prius simulque posterius esset, quod est absurdum. »
(Prop. VI, p. 394.)

1. « Quicquid igitur absolute necessario exsistere perhibetur, id
non propter rationem quandam exsistit, sed quia oppositum cogitabile plane non est. Hæc oppositi impossibilitas est ratio cognoscendi
exsistentiam, sed ratione antecedenter determinante plane caret.
Exsistit; hoc vero de eodem et dixisse et concepisse sufficit. » (*Ibid.*
Corol.).

2. « En demonstrationem exsistentiæ divinæ, quantum eius maxime
fieri potest, essentialem et, quamvis geneticæ locus proprie non sit,
tamen documento maxime primitivo, ipsa nempe rerum possibili-
tate, comprobatam. Hinc patet, si Deum sustuleris, non exsistentiam
omnem rerum solam, sed et ipsam possibilitatem internam pror-
sus aboleri. » (Prop. VII, Scholion, p. 395.)

le monde et Dieu. Et c'est ce que réalisent les deux nouveaux principes que pose la nouvelle conception du principe de la raison.

Le principe de succession et le principe de coexistence des substances. — Du fait que rien ne saurait être changé dans l'état de quelque chose, sans une raison antécédemment déterminante, il résulte que la succession des substances, qui constitue le processus du monde, n'est pas due aux substances elles-mêmes, mais à la coexistence des substances ou aux rapports réciproques des substances entre elles[1]. Mais cette coexistence ou ces rapports, que sont-ils au juste? Vu, d'une part, qu'ils ne sont pas dus aux substances elles-mêmes, et vu, d'autre part, qu'ils représentent un enchaînement rigoureux, ils ne peuvent être qu'une création de Dieu[2], mais de telle sorte que Dieu pourrait à tout moment les changer[3].

1. « Nulla substantiis accidere potest mutatio, nisi quatenus cum aliis connexæ sunt, quarum dependentia reciproca mutuam status mutationem determinat. » (Sectio III, Prop. XII, p. 410.)

2. « Substantiæ finitæ per solam ipsarum exsistentiam nullis se relationibus respiciunt, nulloque plane commercio continentur, nisi quatenus a communi exsistentiæ suæ principio, divino nempe intellectu, mutuis respectibus conformatæ sustinentur... Cum ergo, quatenus substantiarum singulæ independentem ab aliis habent exsistentiam, nexui earum mutuo locus non sit, in finita vero utique non cadat, substantiarum aliarum causas esse, nihilo tamen minus omnia in universo mutuo nexu colligata reperiantur, relationem hanc a communione causæ, nempe Deo, exsistentium generali principio, pendere confitendum est. » (Prop. XIII, p. 412-413.)

3. « Quæ hactenus de impermutabili realitatis absolutæ in universo quantitate allegata sunt, ita intelligi debent, quatenus secundum naturæ ordinem omnia accidunt. Per Dei enim operam et mundi materialis perfectionem fatiscentem instaurari, intelligentiis cælitus purius, quam per naturam licet, lumen affundi, omniaque in altius

On voit donc qu'en fin de compte c'est bien à un *théisme relativement transcendant* que paraissent aboutir les différentes distinctions dualistiques de Kant dans le domaine de la Logique.

4. *L'Unique fondement possible d'une démonstration de l'existence de Dieu*[1].

Je n'ai point une assez haute opinion, dit Kant, de l'utilité d'un travail tel que celui-ci, pour croire que la plus importante de nos connaissances, à savoir qu'*il y a un Dieu*, soit chancelante et en danger, si elle ne reçoit l'appui de profondes recherches métaphysiques. La Providence n'a pas voulu que des connaissances extrêmement nécessaires à notre bonheur pussent dépendre de la subtilité de raisonnements raffinés ; elle les a confiées immédiatement à l'intelligence naturelle commune, qui, lorsqu'on ne la trouble pas par de faux artifices, ne peut pas ne pas nous conduire au vrai et à l'utile, en tant qu'ils nous sont tout à fait indispensables[2]. Cependant, comme il est tout à fait nécessaire de se *convaincre* de l'existence de Dieu,

perfectionis fastigium evehi posse, quis est, qui ambigere ausit ? » (Prop. X, Dilulicid., p. 408.)

1. *Der einzig mögliche Beweisgrund zu einer Demonstration des Daseins Gottes*, 1763, II.

2. « Ich habe keine so hohe Meinung von dem Nutzen einer Bemühung, wie die gegenwärtige ist, als wenn die wichtigste aller unserer Erkenntnisse : *Es ist ein Gott*, ohne Beihülfe tiefer metaphysischer Untersuchungen wanke und in Gefahr sei. Die Vorsehung hat nicht gewollt, dass unsere zur Glückseligkeit höchstnötige Einsichten auf der Spitzfindigkeit feiner Schlüsse beruhen sollten, sondern sie dem natürlichen gemeinen Verstande unmittelbar überliefert, der, wenn man ihn nicht durch falsche Kunst verwirrt,

bien qu'il ne le soit pas au même point de la *démontrer*[1],
il faut connaître le moyen par lequel on peut arriver à
cette conviction, quand on ne l'a pas. En tout cas, ce n'est
nullement par de subtils raisonnements qu'on y arrive.
Car, encore une fois, s'il est tout à fait nécessaire de se
convaincre de l'existence de Dieu, il ne l'est pas au même
point de la *démontrer*. Quel est donc ce moyen? C'est là
une question, dit Kant, qui me préoccupe depuis bien
longtemps[2]. Et, en effet, pour montrer en quoi consiste l'unique fondement possible d'une démonstration
de l'existence de Dieu, Kant ne fait autre chose que
reprendre les diverses formes de dualisme contenues
dans les écrits précédents : le dualisme de l'*attraction* et de
la *répulsion* posé par la *Théorie du Ciel*[3] ou le dualisme
du *possible* et du *réel* de la *Nova Dilucidatio*, etc. Mais

nicht ermangelt, uns gerade zum Wahren und Nützlichen zu führen,
insofern wir desselben äusserst bedürftig sind.» (*Der einzig mögliche
Beweisgrund*, II, Vorrede, p. 65.)

1. « Es ist durchaus nötig, dass man sich vom Dasein Gottes
überzeuge; es ist aber nicht eben so nötig, dass man es demons-
triere ». (*Ibid.*, p. 163.)

Ce sont, on le sait, les mots mêmes qui terminent l'ouvrage.

2. « Die Betrachtungen, die ich darlege, sind die Folge eines
langen Nachdenkens. » (Vorrede, p. 66).

3. « Es könnte scheinen eine Verletzung der Einheit, die man
bei der Betrachtung seines Gegenstandes vor Augen haben muss,
zu sein, dass hin und wieder ziemlich ausführliche physische
Erläuterungen vorkommen; allein da meine Absicht in diesen
Fällen vornehmlich auf die Methode, vermittelst der Naturwissenschaft zur Erkenntnis Gottes hinaufzusteigen, gerichtet ist, so habe
ich diesen Zweck ohne dergleichen Beispiele nicht wohl erreichen
können. Die siebente Betrachtung der zweiten Abteilung bedarf
desfalls etwas mehr Nachsicht, vornehmlich da ihr Inhalt aus einem
Buche, welches ich ehedem ohne Nennung meines Namens
herausgab : *Allgemeine Naturgeschichte und Theorie des Himmels.* »
(*Der einzig mögl. Beweisgrund*, Vorrede, p. 68.)

c'est surtout à ce dernier ouvrage qu'il se réfère[1]. Le plus
grand obstacle à la solution de cette question, dit Kant,
est l'emploi équivoque du terme *existence*. Ainsi, on considère souvent l'*existence* comme étant un prédicat. Or, il
n'en est rien, surtout quand il s'agit de l'emploi de ce
terme dans l'examen du rapport entre le possible et le
réel comme méthode à résoudre le problème de l'existence
de Dieu. Je dis par exemple que l'existence convient au
narval, mais qu'elle ne convient pas à la licorne. Qu'est-
ce que cela veut dire? Cela veut dire que la représentation
du narval est un concept empirique, c'est-à-dire la représentation d'une chose existante. Cela veut donc dire que
l'existence n'est pas un simple prédicat, et qu'il ne faut
pas, par conséquent, dire, ainsi qu'on le fait d'ordinaire :
un narval est un animal existant; mais au contraire : à
un certain animal qui vit en mer, conviennent les prédicats que je pense réunis à une licorne. Ainsi, l'existence
n'est pas un certain prédicat ou une certaine détermination parmi d'autres prédicats ou déterminations d'une
chose. Mais qu'est-elle? Elle est la position même d'une
chose[2], c'est-à-dire une donnée aussi primitive que ce
possible ou que cette pensée elle-même qui pose la
relation entre un sujet et ses attributs. Mais ce n'est pas

1. Cf. Victor Delbos, *Sur la formation de l'idée de jugements synthétiques a priori chez Kant*, Année philosophique, 1909, p. 20.

2. « Gleichwohl bedient man sich des Ausdrucks vom Dasein als
eines Prädicats, und man kann dieses auch sicher und ohne besorg-
liche Irrtümer tun, so lange man es nicht darauf aussetzt, das
Dasein aus blos möglichen Begriffen herleiten zu wollen, wie man
zu tun pflegt, wenn man die absolut notwendige Existenz
beweisen will. » (*Der einzig. mögl. Beweisgr.*, I. Abt., I. Betracht., par. 1,
p. 72 et suiv.) « Das Dasein ist die absolute Position eines Dinges. »
(*Ibid.*, par. 2, p. 73 et suiv.)

encore tout dire que de montrer que le possible ne saurait
expliquer le réel. Il faut encore savoir que le possible
suppose le réel[1]. Ici Kant reprend, en les développant, les
propositions VII et VIII de la *Nová Dilucidatio*, que nous
avons déjà vues. Ainsi, le possible suppose le réel.

C'est là une vérité d'une importance capitale. Sa considération nous conduit graduellement à poser l'existence
d'un être nécessaire, unique, etc. C'est elle, en effet, qui
est l'unique fondement possible d'une démonstration de
l'existence de Dieu[2]. Mais elle ne nous dit encore rien de
précis sur le rapport entre le monde et Dieu. Pour cela, il
faut considérer le monde en lui-même[3]. Or, en regardant
aussi attentivement que possible la structure du monde[4],
nous arrivons justement à poser Dieu dans toute son infi-
nité[5]. Mais ce n'est pas encore tout. Il importe au plus
haut degré de savoir que notre fondement d'une démonstration de l'existence de Dieu est vraiment unique. Car
la conviction de la grande vérité : *il y a un Dieu*, a cette
caractéristique que, même si elle est d'une certitude
mathématique, elle ne peut être atteinte que par une
seule voie. Et il importe de savoir quelle est cette

1. « Die innere Möglichkeit aller Dinge setzt irgend ein Dasein
voraus. » (II. Betracht., p. 78 et suiv.)

2. « Der Beweisgrund von dem Dasein Gottes, den wir geben, ist
lediglich darauf erbauet, weil etwas möglich ist. » (I. Abteil., Be-
schluss, p. 91.)

3. II. Abteilung.

4. A savoir : l'ordre et surtout le dualisme posé déjà par l'*Histoire
universelle de la Nature*.

5. Die Summe aller dieser Betrachtungen führt uns auf einen
Begriff von dem höchsten Wesen, der alles in sich fasst. Eine menschliche Sprache kann den Unendlichen so zu sich selbst reden lassen :
*Ich bin von Ewigkeit zu Ewigkeit, ausser mir ist nichts, ohne in sofern
es durch mich etwas ist.* » (II. Abt., VIII. Betracht, p. 151.)

voie, afin que les philosophes s'y unissent dans un effort commun pour aboutir à la certitude de la grande vérité[1]. Ainsi, il faut montrer qu'il n'y a vraiment qu'un seul fondement possible de l'existence de Dieu. Pour cela, Kant divise tous les fondements de la démonstration de l'existence de Dieu en deux genres, chaque genre comprenant à son tour deux espèces[2]. Tout fondement de la démonstration de l'existence de Dieu, dit-il, est tiré ou du simple *possible*, c'est-à-dire des concepts de l'entendement; ou de l'*existence*, c'est-à-dire des concepts empiriques. Dans le premier cas on conclut ou du possible comme principe à l'existence de Dieu comme conséquence, ou du possible comme conséquence à l'existence de Dieu comme principe. Dans le second cas on conclut ou bien, — par l'analyse logique (causale) du concept de la propriété divine, — de l'idée d'existence en général à l'existence d'une cause première et indépendante (seulement à son existence et non pas aussi à sa propriété); ou bien, — et ceci directement, — de l'expérience d'une existence déterminée (du monde donné) à la fois à l'existence et à la propriété de Dieu.

Pour bien comprendre cette classification de Kant, il est bon de remarquer qu'elle est sensiblement pareille à

---

1. « Die Ueberzeugung von der grossen Wahrheit : *es ist ein Gott*, wenn sie den höchsten Grad mathematischer Gewissheit haben soll, hat dieses Eigne : dass sie nur durch einen einzigen Weg kann erlangt werden, und giebt dieser Betrachtung den Vorzug, dass die philosophische Bemühungen sich bei einem einzigen Beweisgrunde vereinigen müssen, um die Fehler, die in der Ausführung desselben möchten eingelaufen sein, vielmehr zu verbessern als ihn zu verwerfen, so bald man überzeugt ist, dass keine Wahl unter mehr dergleichen möglich sei. » (III. Abteil., p. 155.)

2. P. 155 et suiv.

celle qui se trouve dans la *Critique de la raison pure*.

Ainsi, il y a quatre fondements de l'existence de Dieu : 1° de la *preuve ontologique* ; 2° du possible comme conséquence conduisant au réel comme principe (*propre à Kant*) ; 3° de la *preuve cosmologique* proprement dite ou *a contingentia mundi* ; 4° de la *preuve cosmologique* dite *physico-théologique*. Quant à la manière dont Kant justifie son fondement ou réfute les autres, elle n'est pas évidemment tout à fait la même dans l'*Unique fondement* et dans la *Critique de la raison pure*. Le motif est que la distinction du possible et du réel de l'*Unique fondement* n'est pas encore pour Kant éclairée par les distinctions du sensible et de l'intelligible ou de l'analyse et de la synthèse. Aussi, tout le nerf de l'argumentation de Kant dans l'*Unique fondement* consiste-t-il dans le dualisme pur et simple du possible et du réel. Le voici : dès que l'on admet que l'*existence* est loin d'être un attribut, rien de plus facile que de montrer la faiblesse de l'argument ontologique et de l'argument cosmologique, car ces arguments reposent précisément sur la fausse croyance que l'existence est un attribut. De sorte qu'en dernière analyse il ne reste en présence que le second et le quatrième fondement. Mais ici encore, il ne nous est pas trop difficile de voir lequel des deux est le plus solide. A vrai dire, le quatrième fondement est, lui aussi, très plausible et surtout très séduisant. Cependant, il est encore assez loin de présenter la solidité du second ; il ne pose pas nettement le rapport entre le *possible* comme conséquence et le *réel* comme principe, et de la sorte cherche à présenter l'être suprème sous forme de connaissance. Or, il est tout à fait nécessaire de se *convaincre* de l'existence de Dieu ; il ne l'est pas au même point de la *démontrer*.

Ainsi, il n'y a qu'un seul fondement possible d'une démonstration de l'existence de Dieu, et ce fondement ne peut être que celui du dualisme du possible comme conséquence et du réel comme principe, car lui seul pose un rapport convenable entre le monde et Dieu. — Quel est ce rapport? Il est le suivant : La conséquence (le monde) n'existe que par le principe (Dieu), mais elle n'est pas contenue comme telle dans le principe[1], — car la conséquence est le possible, tandis que le principe est le réel.

5. *Tentative d'introduire dans la Philosophie le concept des quantités négatives*[2].

Le dualisme entre le possible et le réel, qui avait été effleuré dans la *Nova Dilucidatio* et qui avait servi à la construction de l'*Unique fondement possible d'une démonstration de l'existence de Dieu*, va être rigoureusement précisé dans la *Tentative d'introduire dans la philosophie le concept des quantités négatives*. Kant va traduire en formule ce dualisme. L'opposition réelle, — dira-t-il, — n'est pas une relation de non A à A comme l'opposition logique, mais une relation comme celle de — A à + A. Quant aux conséquences philosophiques qu'il entend

1. « Das notwendige Wesen enthält die höchste Realität... Weil ein solches Wesen also das realste unter allen möglichen ist, indem sogar alle andere nur durch dasselbe möglich sind, so ist dieses nicht so zu verstehen, dass alle mögliche Realität zu seinen Bestimmungen gehöre... » (I. Abt. 3. Betrachtung, par. 6, p. 85 et suiv.)

2. *Versuch den Begriff der negativen Grössen in die Weltweisheit einzuführen*, 1763, II.

tirer de cette précision, elles ne sont autres que celles de
la *Nova Dilucidatio* et de l'*Unique fondement*.

Ainsi, Kant se propose d'attirer l'attention des philosophes sur l'intérêt qu'il y a à distinguer, en Philosophie,
entre l'opposition logique et l'opposition réelle, c'est-à-
dire sur l'intérêt qu'il y a à introduire en Philosophie le
concept des quantités négatives (l'opposition du genre
— A + A) ou l'opposition réelle, qui est d'un usage
courant en Mathématiques.

Certes, il n'y a rien de plus vain que d'employer en
Philosophie la méthode des Mathématiques. Mais, par
contre, il n'y a rien de plus utile que de se servir en
Philosophie des notions bien établies en Mathématiques.
Ainsi, il y a en Mathématiques une notion, — celle des
quantités négatives, — qui n'a pas encore été employée
en Philosophie, mais qui pourrait rendre de très grands
services aux philosophes [1].

En effet, lorsque les philosophes parlent de « l'opposition », ils envisagent presque toujours l'opposition
logique ou par la *contradiction*. L'opposition logique est
celle qui consiste à affirmer et en même temps à nier
quelque chose de quelque chose, c'est-à-dire que c'est
l'opposition dont la conséquence n'est absolument rien,
pas même quelque chose de représentable. On ne peut
pas, par exemple, se représenter un corps qui soit à la

---

1. « Ich habe für jetzt die Absicht, einen Begriff, der in der
Mathematik bekannt genug, allein der Weltweisheit noch sehr
fremde ist, in Beziehung auf diese zu betrachten... Doch ich
schreite zur Abhandlung selbst, um zu zeigen, welche Anwendung
dieser Begriff überhaupt in der Weltweisheit haben könne... »
(*Versuch den Begriff der negativen Grössen in die Weltweisheit einzuführen*, Vorrede, p. 169.)

fois en mouvement et non pas en mouvement. Or, il y a
une autre espèce d'opposition, l'opposition *réelle*. Celle-ci
consiste dans le fait qu'un sujet est soumis à deux tendances diamétralement opposées. C'est donc une opposition dont la conséquence est quelque chose, — ne fût-ce
que quelque chose de représentable, — comme le repos :
la force motrice d'un corps vers un lieu et un choc égal
qui le pousserait dans le sens inverse. C'est cette dernière
espèce d'opposition que nous appelons *quantités négatives*.
Je puis tout aussi bien appeler la mort une naissance
négative, que la naissance une mort négative, de même
que les capitaux sont aussi bien des dettes négatives, que
les dettes des capitaux négatifs[1]. C'est-à-dire que logiquement une chose n'admet pas d'attributs opposés,
tandis que, dans la réalité, elle peut posséder de semblables attributs. En effet, soit, par exemple, l'impénétrabilité. Ce n'est nullement une simple absence de force,
car elle a un résultat bien positif, c'est par elle qu'un
corps s'oppose à la force motrice d'un autre corps qui
cherche à pénétrer dans l'espace qu'il occupe. Si la force

---

1. « Einander entgegengesetzt ist : wovon eines dasjenige aufhebt,
was durch das andere gesetzt ist. Diese Entgegensetzung ist zwiefach :
entweder logisch durch den Widerspruch, oder real, d. i. ohne
Widerspruch. — Die erste Opposition, nämlich die logische, ist
diejenige, worauf man bis daher einzig und allein sein Augenmerk
gerichtet hat. Sie besteht darin : dass von eben demselben Dinge
etwas zugleich bejaht und verneint wird. Die Folge dieser logischen
Verknüpfung ist gar nichts (nihil negativum irrepräsentabile), wie
der Satz des Widerspruchs es aussagt. Ein Körper in Bewegung ist
Etwas, ein Körper, der nicht in Bewegung ist, ist auch Etwas (cogitabile); allein ein Körper, der in Bewegung und in eben demselben
Verstande zugleich nicht in Bewegung wäre, ist gar nichts. — Die
zweite Opposition, nämlich die reale, ist diejenige : da zwei Prädicate eines Dinges entgegengesetzt sind, aber nicht durch den Satz

motrice du corps qui cherche à occuper de l'espace peut s'appeler *attraction*, alors l'impénétrabilité peut être appelée *répulsion* ou *attraction négative*. Il en est de même pour d'autres cas, comme ceux de la Psychologie, par exemple. Dans le monde moral comme dans le monde physique, il faut une force pour détruire une force. Le vice s'oppose bien à la vertu, le déplaisir au plaisir, le mal au bien et ainsi de suite[1].

des Widerspruchs. Es hebt hier auch eins dasjenige auf, was durch das andere gesetzt ist; allein die Folge ist Etwas (cogitabile). Bewegkraft eines Körpers nach einer Gegend und eine gleiche Bestrebung eben desselben in entgegengesetzter Richtung widersprechen einander nicht und sind als Prädicate in einem Körper zugleich möglich. Die Folge davon ist die Ruhe, welche Etwas (repräsentabile) ist ». (*Ibid.*, I. Abschn., p. 171.)

« ... Hieraus entspringt der mathematische Begriff der *negativen Grössen*. Eine Grösse ist in Ansehung einer andern negativ, in so fern sie mit ihr nicht anders als durch die Entgegensetzung kann zusammen genommen werden, nämlich so, dass eine in der andern, so viel ihr gleich ist, aufhebt. Dieses ist nun freilich wohl ein Gegenverhältniss... » (*Ibid.*, p. 174) »... Es ist nun freilich klar : dass ich, da es alles hier auf das Gegenverhältniss ankommt, eben sowohl das Untergehen ein negatives Aufgehen, wie das Aufgehen ein negatives Untergehen nennen kann ; imgleichen sind Capitalien eben sowohl negative Schulden, wie diese negative Capitalien sind... » (p. 175).

1. « Ein jeder Körper widersteht durch Undurchdringlichkeit der Bewegkraft eines andern in den Raum einzudringen, den er einnimmt. Da er bei der Kraft des andern zur Bewegung gleichwohl ein Grund seiner Ruhe ist, so folgt aus dem vorigen : dass die Undurchdringlichkeit eben sowohl eine wahre Kraft in den Teilen des Körpers voraussetze, vermittelst deren sie zusammen einen Raum einnehmen, als diejenige immer sein mag, womit ein anderer in diesen Raum sich zu bewegen bestrebt ist. Die Ursache der Undurchdringlichkeit ist demnach eine wahre Kraft, denn sie tut dasselbe, was eine wahre Kraft tut. Wenn ihr nun *Anziehung* eine Ursache, welche es auch sein mag, nennet, vermöge deren ein Körper andere nötigt, gegen den Raum, den er einnimmt, zu

Or, quelles sont les conséquences qui découlent de l'introduction des quantités négatives dans la Philosophie? Il s'ensuit entre autres que : 1° toutes les causes réelles de l'univers, si l'on additionne celles qui sont d'accord et si l'on en soustrait celles qui sont mutuellement opposées, donnent un résultat égal à zéro. C'est-à-dire que l'ensemble du monde n'est rien en lui-même, excepté en tant qu'il est quelque chose par la volonté d'une autre chose[1]; 2° le rapport entre les termes de l'opposition réelle, — termes envisagés surtout sous la forme du rapport entre le principe et la conséquence, — ne saurait être expliqué par le seul principe d'identité, comme le

drücken oder sich zu bewegen (es ist aber hier genug sich diese Anziehung nur zu gedenken), so ist die Undurchdringlichkeit eine *negative Anziehung*, die negative Anziehung eigentlich eine wahre Zurückstossung ist. Wir wollen ein Beispiel aus der Seelenlehre nehmen. Man kann aus der angeführten Erläuterung allenfalls nur erkennen : dass die Unlust nicht lediglich ein Mangel, sondern eine positive Empfindung sei. » (*Ibid.*, II. Abschnitt, p. 179-180.)

1. « *Alle Realgründe des Universum, wenn man diejenige summiert, welche einstimmig sind und die von einander abzieht, die einander entgegengesetzt sind, geben ein Facit, das dem Zero gleich ist.* Das Ganze der Welt ist an sich selbst Nichts, ausser in so fern es durch den Willen eines andern Etwas ist. Also ist die Summe des Existierenden in der Welt in Verhältniss auf denjenigen Grund, der ausser ihr ist, positiv, aber in Verhältniss der inneren Realgründe gegen einander dem Zero gleich. » (III. Abschnitt, p. 197.)

N'oublions pas qu'il s'agit ici pour Kant d'un zéro qui, à la différence du zéro de l'opposition simplement logique, est quelque chose de représentable. En d'autres termes, la pensée de Kant est la suivante : le monde donné n'est rien et cependant il est quelque chose; il n'est rien parce qu'il n'existe que par autre chose; il est quelque chose parce qu'il existe, bien qu'il existe par autre chose et non pas par lui-même. Cela se voit bien clairement par la phrase suivante de Kant : l'ensemble du monde n'est rien en lui-même excepté en tant qu'il est quelque chose par la volonté d'une autre chose (Dieu).

rapport entre les termes de l'opposition logique. Dans l'opposition logique, fondée sur le principe d'identité, la conséquence n'est qu'une partie du principe; dans l'opposition réelle, caractérisée par l'hétérogénéité même de ses termes, le principe est une chose, la conséquence en est une autre. Je comprends donc très bien comment une conséquence est posée par un principe suivant la règle de l'identité. Mais comment dois-je comprendre que par le fait que quelque chose existe, quelque autre chose existe aussi, en dehors de tout principe d'identité? Ainsi, en ce qui concerne le rapport entre le monde et Dieu, rapport qui constitue une opposition réelle, nous devons dire que le monde a son origine en Dieu, mais qu'il n'est nullement une partie de Dieu : la volonté de Dieu contient le principe réel de l'existence du monde; mais la volonté divine est quelque chose, le monde existant est une autre chose[1].

1. « Ich verstehe sehr wohl, wie eine Folge durch einen Grund nach der Regel der Identität gesetzt werde, darum weil sie durch die Zergliederung der Begriffe in ihm enthalten befunden wird. Die Folge wirklich einerlei ist mit einem Teilbegriffe des Grundes. Wie aber etwas aus etwas anderm, aber nicht nach der Regel der Identität fliesse, das ist etwas, welches ich mir gerne möchte deutlich machen lassen. Wie soll ich es verstehen, *dass, weil Etwas ist, etwas anders sei?* Eine logische Folge wird eigentlich nur darum gesetzt, weil sie einerlei ist mit dem Grunde. Der Mensch kann fehlen; der Grund dieser Fehlbarkeit liegt in der Endlichkeit seiner Natur, denn wenn ich den Begriff eines endlichen Geistes auflöse, so sehe ich, dass die Fehlbarkeit in demselben liege, das ist, einerlei sei mit demjenigen, was in dem Begriffe eines Geistes enthalten ist. Allein der Wille Gottes enthält den Realgrund vom Dasein der Welt. Der göttliche Wille ist etwas. Die existierende Welt ist etwas ganz anderes. Indessen durch das eine wird das andre gesetzt. Z. E. Durch den allmächtigen Willen Gottes kann man ganz deutlich das Dasein der Welt verstehen. Allein hier bedeutet die Macht dasjenige Etwas in

6. *Étude sur l'évidence des principes de la Théologie naturelle et de la Morale*[1].

Comment et dans quelle mesure les vérités profondément métaphysiques, — vérités théologiques et vérités morales, — s'imposent-elles à nous comme évidentes? Mais d'abord, ces vérités s'imposent-elles à nous vraiment comme évidentes, de la manière, par exemple, que s'imposent les vérités mathématiques? Oui, et même plus fortement que ces dernières, répond Kant; mais, pour saisir leur évidence, il ne faut nullement leur appliquer la méthode des Mathématiques. Certes, savoir véritablement, c'est définir ou avoir des notions bien claires, comme en Mathématiques. Mais les philosophes, — éblouis par la grande clarté des Mathématiques, — vont trop loin. Ils croient qu'on peut et qu'on doit en Philosophie aussi arriver à de pareilles notions, tout comme en Mathématiques, en commençant par définir. Ils oublient qu'il ne s'agit pas tout à fait du même objet dans les deux cas. En Mathématiques l'objet à connaître nous est

Gott, wodurch andere Dinge gesetzt werden. Dieses Wort aber bezeichnet schon die Beziehung eines Realgrundes auf die Folge, die ich mir gerne möchte erklären lassen. Ich habe über die Natur unseres Erkenntnisses in Ansehung unserer Urteile von Gründen und Folgen nachgedacht, und ich werde das Resultat dieser Betrachtungen dereinst ausführlich darlegen. Aus demselben findet sich, dass die Beziehung eines Realgrundes auf etwas, das dadurch gesetzt oder aufgehoben wird, gar nicht durch ein Urteil, sondern blos durch einen Begriff könne ausgedrückt werden. » (III. Abschnitt, Allgemeine Anmerkung, p. 202-204.)

1. *Untersuchung über die Deutlichkeit der Grundsätze der natürlichen Theologie und der Moral*, 1763, II.

donné intuitivement, par les sens, donc sous une forme
déjà bien claire et, par conséquent, toute prête à la définition. De sorte qu'en Mathématiques on arrive à la notion
claire cherchée, sans d'autres principes que ceux de la
définition même, c'est-à-dire en définissant dès le début
l'objet donné à connaître, ou en commençant directement
par *synthétiser*. En Philosophie, l'objet à connaître nous
est donné par l'Intelligence; déjà donc, sous forme de
notion, à savoir sous forme de notion confuse qu'il s'agit
justement de rendre claire, et non pas, ainsi qu'en Mathématiques, comme quelque chose qui n'est pas encore
notion, et qu'il s'agit de transformer en notion par la
définition[1]. Comment donc pourra-t-on ici partir de la
définition, vu que ce sera la définition de quelque chose
d'imprécis? Non, la Philosophie a besoin d'un autre point
de départ. Il lui faut certains principes indémontrables
qui préparent en quelque sorte l'éclaircissement, c'est-à-
dire la définition de la notion donnée confusément. Ce
qui signifie qu'en Philosophie il faut commencer par
analyser.

Mais la méthode mathématique (synthétique ou par
définition) n'a-t-elle aucun rôle en Philosophie? Oui,
certes, mais elle ne peut y avoir d'emploi légitime qu'après
la méthode analytique, propre à la Philosophie, c'est-à-dire
qu'après qu'on est déjà arrivé à quelque chose d'assez
clair pour être défini[2].

---

1. Il y a là, chez Kant, comme une sorte de pressentiment de ce
qui sera plus tard bien nettement posé sous la forme du dualisme
du *sensible* et de l'*intelligible*.

2. « Daher das schlechterdings notwendige Wesen ein Object von
der Art ist, dass, sobald man einmal auf die ächte Spur seines
Begriffes gekommen ist, es noch mehr Sicherheit als die mehrste

Ainsi, pour avoir la certitude des vérités métaphysiques
(théologiques ou morales), il ne faut pas leur appliquer la
méthode mathématique. Or, que signifie cette distinction
de Kant entre la méthode des Mathématiques et la
méthode de la Métaphysique? Elle signifie toujours que
pour Kant l'homme ne peut pas avoir une connaissance

andere philosophische Kenntnisse zu versprechen scheint. » (*Untersuchung über die Deutlichkeit*, IV. Betrachtung, p. 206.)

«... Das Vornehmste, worauf ich gehe, ist dieses : dass man in
der Metaphysik durchaus analytisch verfahren müsse, denn ihr
Geschäft ist in der Tat, verworrene Erkenntnisse aufzulösen.
Vergleicht man hiemit das Verfahren der Philosophen, so wie es in
allen Schulen im Schwange ist, wie verkehrt wird man es nicht
finden ! Die allerabgezogenste Begriffe, darauf der Verstand natür-
licher Weise zuletzt hinausgeht, machen bei ihnen den Anfang,
weil ihnen einmal der Plan des Mathematikers im Kopfe ist, den
sie durchaus nachahmen wollen... Et ist noch lange die Zeit nicht,
in der Metaphysik synthetisch zu verfahren; nur wenn die Analysis
uns wird zu deutlich und ausführlich verstandenen Begriffen ver-
holfen haben, wird die Synthesis den einfachsten Erkenntnissen die
zusammengesetzte, wie in der Mathematik, unterordnen können. »
(II. Betrachtung, p. 289-290.)

« ... Daher ist es möglich, den Irrtümern zu entgehen, wenn
man gewisse und deutliche Erkenntnisse aufsucht, ohne gleichwohl
sich der Definitionen so leicht anzumassen » (*Ibid.*, p. 293). «...Ich
soll z. E. den Begriff der göttlichen Allgegenwart bestimmen. Ich
erkenne leicht, dass dasjenige Wesen, von welchem alles andere
abhängt, indem es selbst unabhängig ist, durch seine Gegenwart
zwar allen andern der Welt den Ort bestimmen werde, sich selber
aber keinen Ort unter ihnen, indem es alsdann mit zur Welt gehören
würde... In allen Stücken demnach, wo nicht ein Analogon der
Zufälligkeit anzutreffen, kann die metaphysische Erkenntnis von
Gott sehr gewiss sein. Allein das Urteil über seine freie Handlungen,
über die Vorsehung, über das Verfahren seiner Gerechtigkeit und
Güte, da selbst in den Begriffen, die wir von diesen Bestimmungen an
uns haben, noch viel Unentwickeltes ist, können in dieser Wissenschaft nur eine Gewissheit durch Annäherung haben, oder eine, die
moralisch ist. » (IV. Betrachtung, p. 297.)

mathématique, rigoureuse, en matière de Métaphysique, c'est-à-dire qu'il est tout à fait nécessaire de *se convaincre* de l'existence de Dieu, mais qu'il ne l'est nullement au même point de la *démontrer*. Cette distinction nous conduit donc au même dualisme du monde et de Dieu auquel nous avaient conduit aussi les autres distinctions dualistiques de Kant.

7. *Les rêves d'un visionnaire éclaircis par les rêves de la Métaphysique* [1].

Ainsi que nous l'avons remarqué, Kant, par l'*Etude sur l'évidence*, posait, sous une certaine forme imprécise, le dualisme platonicien du *sensible* et de l'*intelligible*.

Ce dualisme est catégoriquement exprimé dans les *Rêves d'un visionnaire*. Il semblerait d'abord que les *Rêves* inaugurent une conception nettement empirique ou anti-rationaliste, car ce livre est fait pour combattre la thèse spiritiste du voyant Swedenborg [2]. Puis on serait porté à dire que cet écrit ouvre, par son animisme inspiré de Stahl, la voie à ce rationalisme de la *Critique de la raison pure* qui expliquera la causalité par des concepts purs de

1. *Träume eines Geistersehers, erläutert durch Träume der Metaphysik*, 1765, II.
Bien qu'ils ne s'occupent pas spécialement du rapport entre le monde et Dieu, les *Rêves* n'en paraissent pas moins instructifs, pour notre thèse, en ce qu'ils posent d'une manière catégorique le dualisme du sensible et de l'intelligible et en ce qu'ils s'occupent du rapport entre la vie présente et la vie future. C'est pourquoi nous avons tenu à en dire quelques mots.

2. Cf. Delacroix, *Kant et Swedenborg* (Revue de Métaphysique et de Morale, 1904, p. 576 et suiv.).

l'entendement[1]. Les deux interprétations sont parfaitement vraies. Car, ainsi que le dit M. Delbos : « Les rêveries de Swedenborg ont été, tout au moins pour Kant, l'occasion de faire rentrer dans son esprit la distinction platonicienne du monde sensible et du monde intelligible, et il semble que Kant ait avoué lui-même cette suggestion du visionnaire dans ses *Leçons sur la Métaphysique* publiées par Pölitz[2] ».

En effet, nous trouvons dans les *Leçons sur la Métaphysique*, qui sont d'environ dix ans postérieures aux *Rêves*, des passages bien décisifs au sujet de la nature empiriorationaliste des *Rêves*. Ainsi, dans la leçon qui traite de *l'état de l'âme après la mort*, Kant nous dit : cette idée de l'autre monde ne peut être démontrée, mais c'est une hypothèse nécessaire de la raison. La pensée de Swedenborg sur cette question est tout à fait sublime. Le monde des esprits, — dit-il, — constitue un univers réel particulier; c'est le *monde intelligible* qui doit être distingué du *monde sensible.*

Nos âmes, en tant qu'esprits, sont en union et en communauté, même dans ce monde; mais nous ne nous voyons pas dans cette communauté parce que nous avons encore une intuition sensible; cependant, bien que nous ne nous y voyions pas, nous n'y sommes pas moins. Quand une fois l'obstacle à l'intuition spirituelle sera levé, nous nous verrons dans cette communauté spirituelle, et c'est là l'autre monde (intelligible). Quand donc un homme est juste dans le monde, quand sa volonté est bien inten-

1. Cf. C. Radulescu-Motru, *Zur Entwickelung von Kant's Theorie der Naturcausalität* (in *Philosophische Studien*, t. IX, 1894, publ. sépar., p. 52-56).

2. Victor Delbos, *La Philosophie pratique de Kant*, p. 139, note 3.

tionnée, quand il tâche de pratiquer les règles de la
Morale, il est déjà dans ce monde en communauté avec
toutes les âmes justes et bonnes, qu'elles soient dans
l'Inde ou dans l'Arabie; mais il ne s'apercevra de cette
communauté qu'après avoir été affranchi de l'intuition
sensible. De même pour le méchant; il est déjà ici-bas en
société avec tous les scélérats. Ainsi l'homme vertueux
ne va pas au ciel, mais il y est déjà dès maintenant; seulement, ce n'est qu'après s'être délivré du corps qu'il
s'apercevra qu'il est membre de cette société. De même
les méchants; ils ne se voient pas dans l'enfer, quoiqu'ils
y soient déjà réellement; mais quand ils seront délivrés
du corps, ils verront alors pour la première fois où ils
sont [1].

C'est sublime jusqu'ici, dit Kant. Mais Swedenborg, ne
distinguant pas assez le sensible de l'intelligible, va
encore plus loin. Il prétend aussi que l'âme peut arriver
quelquefois à se délivrer du corps, même sans la mort
proprement dite. Or, il y a là une contradiction : il fau-
drait, pour qu'il en fût ainsi, que j'eusse une intuition
intellectuelle; mais comme je suis encore sur la terre,
c'est-à-dire comme j'ai encore une intuition sensible, je
ne puis pas avoir en même temps une intuition spirituelle : si j'ai une intuition sensible, je suis dans ce
monde; si j'ai une intuition intellectuelle, je suis dans
l'autre monde [2]. Tant il est vrai donc qu'il n'est nullement conforme à notre destinée présente de nous soucier
beaucoup de la vie à venir; mais que nous devons, au
contraire, remplir notre vocation actuelle et attendre en

1. *Kant's Vorlesungen über die Metaphysik* (Ed. Pölitz, Erfurt, 1821),
p. 257-258.
2. *Ibid.*, p. 258-259.

ce qui concerne l'autre monde. C'est-à-dire que la Providence nous a caché la vie future, et ne nous a laissé qu'une faible espérance, mais qui est bien suffisante pour nous porter *à nous en rendre dignes*; ce que nous ferions avec moins d'ardeur si nous connaissions déjà par anticipation la vie à venir [1].

Passons maintenant à la propre considération des *Rêves*, et nous verrons que c'est absolument ce même esprit à la fois empirio-rationaliste et théiste qui les anime. Les *Rêves* se composent de deux parties. Dans la première partie, Kant nous dit qu'il n'y a peut-être pas de problème philosophique plus difficile à résoudre que le problème de l'esprit. Dans la seconde partie il nous fait connaître le cas de Swedenborg, qui a la prétention d'avoir résolu ce problème, et il se demande dans quel sens il faut admettre la solution proposée. D'abord, — dit Kant dans la première partie, — il y a la matière morte qui remplit l'espace. Cette matière est, de par sa nature, inerte. C'est donc son inertie même qui permet de donner des explications mécaniques de ses propriétés. Mais à côté de cette matière il y a aussi les êtres vivants, qui paraissent avant tout doués de la spontanéité, c'est-à-dire qui semblent communiquer entre eux non seulement par l'intermédiaire des corps auxquels ils sont unis en vertu des lois organiques, mais encore directement ou en vertu de certaines lois spéciales. Comment expliquer ce second monde, immatériel, ce *mundus intelligibilis*[2]? Parmi les différentes thèses scientifiques, qui donnent une solution

1. *Ibid.*, p. 260-261.
2. « Die tote Materie, welche den Weltraum erfüllt, ist ihrer eigentümlichen Natur nach im Stande der Trägheit und der Beharrlichkeit in einerlei Zustande, sie hat Solidität, Ausdehnung

à ce problème, la plus plausible paraît être celle de Stahl[1].
Cependant, rien n'est plus propre pour cette solution que
la vérité suivante : distinguer avec soin ce qui appartient
à la raison de ce qui appartient à la sensation. Car ceux
qui prétendent le plus avoir résolu ce difficile problème
sont justement tous ceux qui confondent le plus les Sens
et la Raison, c'est-à-dire tous ceux qui ne savent pas que
la véritable connaissance humaine sort de la limitation
des Sens par la Raison et inversement[2]. Et tel est le cas
de Swedenborg, dit Kant dans la seconde partie des *Rêves*.
Cet homme, qui vit à Stockholm et dont la seule profes-
sion, d'après ses dires mêmes, consiste à s'entretenir avec
les esprits, a écrit un ouvrage, — *Arcana cælestia*, —
où il nous fait connaître la manière dont il exerce sa pro-
fession[3]. Or, en lisant attentivement ce livre, on s'aperçoit que son auteur supprime d'un côté le monde maté-

und Figur, und ihre Erscheinungen, die auf allen diesen Gründen
beruhen, lassen eine physische Erklärung zu, die zugleich mathe-
matisch ist, und zusammen mechanisch genannt wird. Wenn man
andererseits seine Achtsamkeit auf diejenige Art Wesen richtet,
welche den Grund des Lebens in dem Weltganzen enthalten... Da
diese immaterielle Wesen selbsttätige Principien sind, mithin Sub-
stanzen und für sich bestehende Naturen, so ist diejenige Folge, auf
die man zunächst geräth, diese : dass sie untereinander, unmittelbar vereinigt, vielleicht ein grosses Ganze ausmachen mögen,
welches man die immaterielle Welt (mundus intelligibilis) nennen
kann. » (*Träume*, I. Teil, 2. Hauptstück, p. 329, vol. II.)

1. *Ibid.*, p. 331.

2. « In gewisser Verwandtschaft mit den *Träumern* der *Vernunft*
stehen die Träumer der *Empfindung*... allein wenn man sich einbil-
det, dass beide Täuschungen übrigens in ihrer Entstehungsart sich
ähnlich genug wären, um die Quelle der einen auch zur Erklärung
der andern zureichend zu finden, so betrügt man sich sehr ». (I. Teil,
3. Hauptstück, p. 342 et suiv.).

3. II. Teil, 1. Hauptst., p. 354 ; 2. Hauptst., p. 360-361.

riel et d'un autre côté parle de l'esprit comme si c'était
de la matière[1]; c'est-à-dire que c'est uniquement par
cette confusion qu'il est conduit à croire que c'est seulement par la *connaissance* de la nature de l'âme qu'on peut
s'assurer de la conviction de l'existence après la mort, etc.
Ce qui revient à dire que s'il n'avait pas fait cette confusion, il aurait peut-être vu que la véritable sagesse est
celle qui nous apprend à bien reconnaître à la fois notre
petitesse en Science et notre grandeur en Morale. De
sorte que la véritable conclusion qui doit se dégager de
la lecture de ce livre ne saurait être que celle qui, —
issue par contraste, — nous confirmerait une fois de plus
ce sage jugement : la raison humaine n'a pas des ailes
assez puissantes pour fendre les nuages élevés qui dérobent aux yeux les mystères de l'autre monde. Son rôle
ici-bas est tout autre, à savoir nous rendre dignes, par
notre conduite, du bonheur de l'autre monde. *Songeons
donc à notre bonheur, allons au jardin et travaillons*[2].

8. *De la forme et des principes du monde sensible et du monde intelligible*[3].

Les *Rêves* avaient posé le dualisme du *sensible* et de
l'*intelligible* d'une manière assez catégorique, il est vrai,
mais encore assez générale. La célèbre *Dissertation* de

1. « Ein Hauptbegriff in Swedenborg's Phantasterei ist dieser...
hat die Erkenntnis der materiellen Dinge zweierlei Bedeutung,
einen äusserlichen Sinn in Verhältniss der Materie aufeinander und
einen innern, in so fern sie als Wirkungen die Kräfte der
Geisterwelt bezeichnen, die ihre Ursachen sind... » (p. 363-364).
2. II. Teil, 3. Hauptst., p. 368-373.
3. *De mundi sensibilis atque intelligibilis forma et principiis*, 1770, II.

1770 revient avec bien des détails sur ce dualisme; son but est justement de bien préciser ce dualisme, car, dit Kant, la méthode propre à la Métaphysique dont traite cette Dissertation, consiste dans le fait de distinguer entre le sensible et l'intelligible [1]. Or, en quoi consistent ces détails, cette précision ou cette distinction qui constituent la méthode propre à la Métaphysique? Ils sont quelque chose de plus que le contenu des *Rêves*, mais quelque chose de moins que le contenu de la *Critique de la raison pure*. — Expliquons-nous. — Cette explication est extrêmement importante pour l'intelligence de la pensée de Kant, en général, et pour l'intelligence de la *Critique de la raison pure*, en particulier.

Nous venons de voir comment, dans les *Rêves*, Kant pose le dualisme du sensible et de l'intelligible. Or, à la même époque, Kant écrit à Lambert qu'il est toujours préoccupé par le fait de trouver la méthode propre à la Métaphysique [2], — et il annonce en effet dans son *Programme des leçons du semestre d'hiver* (1765-1766) qu'il se propose avant tout de montrer comment la méthode propre de l'enseignement philosophique est d'apprendre d'abord à philosopher et puis la philosophie, c'est-à-dire qu'il se propose surtout de montrer comment le progrès naturel de la connaissance humaine consiste à s'élever de l'*entende-*

1. « Philosophia autem prima continens principia usus *intellectus puri* est *Metaphysica*. Scientia vero illi *propædeutica* est, quæ discrimen docet sensitivæ cognitionis ab intellectuali; cuius in hac nostra dissertatione specimen exhibemus. » (*De mundi sensibilis atque intelligibilis*, Section II, par. 8, p. 395.)

2. Le 31 décembre 1765 : « Alle diese Bestrebungen laufen hauptsächlich auf die eigentümliche Methode der Metaphysik und vermittelst derselben auch der gesammten Philosophie hinaus. » (*Briefwechsel*, t. I (X), p. 53.)

ment par les *intuitions* (sensibles) à la *raison* [1]. Ce qui paraît dire que la méthode en métaphysique, pour Kant, consiste dans la triple distinction entre la sensibilité, l'entendement et la raison. — Cependant, l'année 1769 donne à Kant une grande lumière [2]. En quoi consiste cette lumière? Elle consiste probablement dans le fait de distinguer seulement entre la sensibilité d'une part et l'intellect, l'entendement ou la raison, sans distinction bien précise, d'autre part, fait qui s'est manifesté avant tout par la découverte de la nature *a priori* de l'espace et du temps: car l'année suivante, c'est-à-dire en 1770, Kant écrit la *Dissertation*

1. « Alle Unterweisung der Jugend hat dieses Beschwerliche an sich, dass man genötigt ist, mit der Einsicht den Jahren vorzueilen, und, ohne die Reife des *Verstandes* abzuwarten, solche Erkenntnisse erteilen soll, die nach der natürlichen Ordnung nur von einer geübteren und versuchten *Vernunft* könnten begriffen werden... Gleichwohl ist diese Beschwerlichkeit nich gänzlich zu vermeiden... Denn da der natürliche Fortschritt der menschlichen Erkenntniss dieser ist, dass sich zuerst der *Verstand* ausbildet, indem er durch *Erfahrung* zu *anschauenden Urteilen* und durch diese zu *Begriffen* gelangt, dass darauf diese Begriffe in Verhältnis mit ihren Gründen und Folgen durch *Vernunft* erkannt werden... so wird die Unterweisung eben denselben Weg zu nehmen haben... Die Regel des Verhaltens also ist diese : zuvörderst den Verstand zu zeitigen und seinen Wachstum zu beschleunigen, indem man ihn in Erfahrungsurteilen übt und auf dasjenige achtsam macht, was ihm die verglichene Empfindungen seiner Sinne lehren können. Von diesen Urteilen oder Begriffen soll er zu den höheren und entlegenern keinen kühnen Schwung unternehmen, sondern dahin durch den natürlichen und gebahnten Fusssteig der niedrigern Begriffe gelangen, die ihn allgemach weiter führen... Eine solche Lehrart erfordert die der Weltweisheit eigene Natur. » (*Kant's Nachricht von der Einrichtung seiner Vorlesungen in dem Winterhalbjahre von 1765-1766*, vol. II, p. 305-306.)

2. « Das Jahr 69 gab mir grosses Licht. » (*Reflexionen*, Ed. Benno Erdmann, vol. II, p. 4.)

qui traite surtout de l'opposition entre la sensibilité et
l'entendement, — et il écrit à Lambert : « Il y a pr· ;
d'un an que je suis arrivé à un critérium des problèmes
métaphysiques, qui consiste à nous apprendre que la
sensibilité ne doit pas avoir de rôle en Métaphysique
où il ne s'agit que des questions qui concernent la raison[1] ». — Mais comment? L'entendement et la raison
sont-ils une seule et même chose? Probablement non,
d'après ce que Kant avait dit dans le *Programme*; probablement oui, d'après ce que Kant dit dans la *Dissertation*. Mais n'y a-t-il pas là une contradiction? Non, il n'y
pas là une contradiction proprement dite; mais en tout
cas il y a une *lacune* qui demande à être comblée. Cependant,
dant, Kant ne s'en aperçoit que deux ans plus tard (en
1772). Mais au moment où il s'en aperçoit, il ne fait justement autre chose que concevoir la *Critique de la raison
pure*. En effet, il écrit le 21 février 1772 à Marcus Herz
qu'il vient de concevoir l'idée d'une *Critique de la raison
pure* qui devait, au moyen d'une étude sur l'entendement
comme source des catégories et par suite comme faculté
intermédiaire entre la sensibilité et la raison, préciser le
dualisme entre le sensible et l'intelligible posé d'une
manière par trop radicale dans la *Dissertation* de 1770.
« J'étais, dit Kant à Marcus Hertz, sur le point de terminer

1. Le 2 septembre 1770 : « Seit etwa einem Jahre bin ich, wie ich
mir schmeichle, zu demjenigen Begriffe gekommen welchen ich
nicht besorge jemals ändern, wohl aber erweitern zu dürfen und
wodurch alle Art metaphysischer Quaestionen nach ganz sichern und
leichten Criterien geprüft und, in wie fern sie auflöslich sind oder
nicht, mit Gewissheit kann entschieden werden... Die allgemeinsten
Gesetze der Sinnlichkeit spielen fälschlich in der Metaphysik, wo es
doch blos auf Begriffe und Grundsätze der reinen Vernunft ankommt,
eine grosse Rolle. » (*Ibid.*, p. 93-94.)

mon étude sur *les limites entre la sensibilité et la raison*, quand je me suis aperçu qu'il me manquait quelque chose : sur quel fondement repose le rapport de ce que l'on nomme en nous représentation à l'objet? J'avais dit dans ma *Dissertation* que tout ce qui était pensé sensitivement était une représentation des choses telles qu'elles apparaissent, mais que tout ce qui était pensé intellectuellement était une représentation des choses telles qu'elles sont. Mais je ne me suis pas demandé comment il se faisait que ma représentation intellectuelle, sans dériver d'une affection des objets donnés, fût une représentation des objets donnés. Or, voilà toute la question. Mais en me posant cette question, je ne faisais autre chose que concevoir une philosophie transcendantale, c'est-à-dire une étude sur l'entendement comme source des catégories. Ainsi, je puis vous dire que d'ici trois mois j'aurai prête une *Critique de la raison pure* ... [1] » —

1. Le 21 février 1772 : « Nun machte ich mir den Plan zu einem Werke welches etwa den Titel haben könnte : *Die Grenzen der Sinnlichkeit und der Vernunft*. Ich dachte mir darin zwei Teile, einen theoretischen und praktischen.... Indem ich den theoretischen Teil in seinem ganzen Umfange und mit den wechselseitigen Beziehungen aller Teile durchachte, so bemerkte ich : dass mir noch etwas Wesentliches mangle, welches ich bei meinen langen metaphysischen Untersuchungen, sowie andere, aus der Acht gelassen hatte und welches in der Tat den Schlüssel zu dem ganzen Geheimnisse, der bis dahin sich selbst noch verborgenen Metaphys : ausmacht. Ich frug mich nämlich selbst : auf welchem Grunde beruht die Beziehung desjenigen, was man in uns Vorstellung nennt, auf den Gegenstand?... Ich hatte mich in der *Dissertation* damit begnügt die Natur der *intellectual* Vorstellungen blos *negativ* auszudrücken : dass sie nämlich nicht *modificationen* der Seele durch den Gegenstand wären. Wie aber denn sonst eine Vorstellung die sich auf einen Gegenstand bezieht ohne von ihm auf einige Weise afficirt zu sein möglich, überging ich mit Stillschweigen. Ich hatte gesagt : die *sinnliche* Vorstellungen stellen die Dinge vor, wie sie erscheinen, die *intellectuale*

Mais nous reviendrons sur cette lacune de la *Dissertation*
quand nous aurons à analyser la *Critique de la raison pure*.
Pour le moment tenons-nous en à la dissertation.

Le but de la *Dissertation* est de préciser le dualisme du
sensible et de l'intelligible par la position du dualisme
entre la sensibilité et l'intellect (l'entendement ou la
raison) [1]. — Le sensible ne se détermine que par la sensibilité et l'intelligible ne se détermine que par l'intellect
(l'entendement ou la raison) [2]. Voilà la thèse précise de
la *Dissertation*. — Or, comment Kant établit-il cette
thèse, et quelle sera surtout la nature du théisme que
nous aurons à en dégager?

Les métaphysiciens, dit Kant, se demandent « qu'est-ce
que le monde? ». Mais il y a là une question qui est mal
posée. Il y a là *deux* questions et *non pas une* question.
Car il y a deux formes bien distinctes du monde : le

wie sie sind. |Wodurch aber werden uns denn diese Dinge gegeben,
wenn sie es nicht durch die Art werden, womit sie uns afficiren und
wenn solche *intellectuale* Vorstellungen auf unserer innern Tätigkeit
beruhen, woher kommt die Uebereinstimmung die sie mit Gegenständen haben sollen, die doch dadurch nicht etwa hervorgebracht
werden und die axiomata der reinen *Vernunft* über diese Gegenstände,
woher stimmen sie mit diesen überein, ohne dass diese Uebereinstimmung von der Erfahrung hat dürfen Hülfe entlehnen... Indem ich
auf solche Weise die Quellen der intellectualen Erkenntnis suchte,
suchte ich die *Transcendentalphilosophie*, nämlich alle Begriffe der
gänzlich reinen Vernunft, in eine gewisse Zahl von *Categorien* zubrin-
gen, durch einige wenige Grundgesetze des *Verstandes*... kann ich
sagen, dass ich itzo im Stande bin eine *Kritik der reinen Vernunft*
binnen etwa 3 Monaten herausgeben werde. » (*Briefwechsel*, t. I
(X), p. 124-127.)

1. *Loc. cit.* (section II, par. 8, p. 395).

2. « Omnis metaphysicæ circa sensitiva atque intellectualia
methodus ad hoc potissimum præceptum redit : sollicite cavendum
esse, *ne principia sensitivæ cognitionis domestica terminos suos migrent
ac intellectualia afficiant* » (section V, par. 24, p. 411).

monde sensible et le *monde intelligible*. De sorte que le problème métaphysique, — en quoi consiste le monde, — revient à nous demander : 1° quel est le principe du monde sous sa forme sensible; 2° quel est le principe du monde sous sa forme intelligible. Ainsi, dit Kànt, la science qui prépare la Métaphysique est celle qui apprend à distinguer la connaissance sensible de la connaissance intellectuelle, et dont nous donnons un spécimen dans cette *Dissertation* [1].

Le sensitif n'est pas, ainsi qu'on le dit généralement, ce qui est connu confusément; de même que l'intellectuel n'est pas non plus une simple connaissance *distincte*. Il y a des choses sensibles très distinctes, comme il y a des choses intellectuelles très confuses. Ainsi, la *Géométrie* est le type de la connaissance sensitive, comme la *Métaphysique* est le domaine de tout ce qui est intellectuel. Or, quoi de plus clair que la Géométrie, et quoi de plus nuageux que la Métaphysique? Je crains donc que Wolff, en établissant entre les choses sensitives et les choses intellectuelles la distinction qu'il a établie, et qui n'est pour lui-même que logique, n'ait complètement aboli, au grand détriment de la Philosophie, ces très nobles principes de discussion sur le *caractère des phénomènes et des noumènes* posés par l'antiquité, et qu'il n'ait souvent détourné les esprits de l'examen de ces objets vers des minuties logiques [2]. Ainsi, il y a un aspect du

---

1. *De mundi sensibilis atque intelligibilis*, section II, par. 8, p. 395.
2. « Ex hisce videre est, sensitivum male exponi per *confusius* cognitum, intellectuale per id cuius est cognitio *distincta*... Possunt autem sensitiva admodum esse distincta et intellectualia maxime confusa. Prius animadvertimus in sensitivæ cognitionis prototypo, *geometria*, posterius in intellectualium omnium organo, *metaphysica*,

monde qui est purement sensible, et un autre aspect qui est purement intelligible. Et il s'agit de savoir quels sont les principes de ces deux formes du monde respectivement considérées.

Quel pourrait être le principe du monde sensible? Ce principe ne saurait se rapporter qu'à ce qui peut tomber sous les *sens* ou qu'à ce qui est *actuel*, c'est-à-dire qu'il ne saurait être que la raison du lien des choses comme *phénomènes*[1]. Or, ce qui fait le lien des choses comme phénomènes, ce sont l'*espace* et le *temps* : il n'y a pas de phénomènes au monde qui ne se passent pas dans un certain endroit et à un certain moment. Dira-t-on que l'espace et le temps sont les principes cherchés?

Peut-on considérer l'espace et le temps comme des principes? Certes, dit Kant[2]. Car l'espace et le temps ne sont que des intuitions pures, que de simples formes de la sensibilité. C'est-à-dire qu'ils ne sont ni des substances, ni des accidents, ni des rapports, mais qu'ils sont des

---

quæ, quantum operæ navet ad dispellendas, quæ intellectum communem obfuscant, confusionis nebulas, quanquam non semper tam felici quam in priori fit successu, in propatulo est... Vereor autor, ne Ill. Wolfflus per hoc inter sensitiva et intellectualia discrimen quod ipsi non est nisi logicum, nobilissimum illud antiquitatis de *phænomenorum* et *noumenorum indole* disserendi institutum, magno philosophiæ detrimento, totum forsitan aboleverit animosque ab ipsorum indagatione ad logicas sæpenumero minutias averterit. » (*Ibid.*, par. 7, p. 394-395.)

1. « Principium formæ *mundi sensibilis* est, quod continet rationem *nexus universalis* omnium, quatenus sunt *phaenomena*... Quodcunque igitur tandem sit principium formæ mundi sensibilis, tamen non complectitur nisi *actualia*, quatenus in *sensus cadere* posse putantur » (section III, par. 13, p. 398).

2. C'est ici que se place la grande découverte, de Kant, de la nature *a priori* de l'espace et du temps.

principes ou des conditions de cette faculté qu'a l'esprit d'être affecté par les choses et qui est la sensibilité.

Or, que résulte-t-il du fait que l'espace et le temps, — dans lesquels nous sont donnés les objets à connaître, — sont des intuitions *a priori*[1] ou de simples formes de notre sensibilité? Il en résulte la légitimité de la position de ce dualisme du sensible et de l'intelligible qui conduit au théisme. C'est-à-dire qu'il en résulte que les objets, en tant que matière de notre sensibilité, ne sont autre chose qu'une pure diversité ou que de simples phénomènes, ou, ce qui revient au même, que la sensibilité ne saurait, à elle seule, nous fournir les principes de la véritable science; que, par conséquent, nous devons chercher encore ces principes dans cette autre de nos facultés de connaître, qui est la raison : tout ce qui est pensé sensitivement est une représentation des choses *telles qu'elles apparaissent*; mais tout ce qui est pensé intellectuellement est une représentation des choses *telles qu'elles sont*[2]. Or, quel pourrait être le principe du monde intelligible? Ce ne peut être que la cause qui relie les choses en tant que *substances*. Mais quelle pourrait être cette cause? On serait d'abord tenté de dire que c'est là une question oiseuse. Et c'est ce que disent ceux qui considèrent l'espace et le temps autrement que comme de simples formes de la sensibilité. Ainsi, de ce que toutes les choses exis-

---

1. Nous ne donnons pas ici la manière dont Kant démontre cette nature *a priori* de l'espace et du temps. Car elle est semblable à celle employée dans la **Critique *de la raison pure***, et nous en dirons quelques mots quand nous aurons à analyser cette œuvre.

2. « ... Patet, sensitive cogitata esse rerum repræsentationes, *uti apparent*, intellectualia autem, *sicuti sunt*... » (section II, par. 4, p. 392, vol. II).

tantes sont nécessairement quelque part, il leur paraît inutile de rechercher encore pourquoi elles sont entre elles de telle manière et non pas de telle autre. C'est là, disent-ils, une question qui se trouve résolue par le fait même d'admettre l'universalité de l'espace qui comprend tout[1]. Mais une fois que l'on sait que l'espace et le temps sont les simples conditions de notre sensibilité, la question se pose dans toute sa force. Car, de la sorte, d'une part, l'espace et le temps ne peuvent expliquer que les phénomènes et nullement les substances elles-mêmes; et, d'autre part, on s'aperçoit de ce grand précepte de la méthode en Métaphysique : *Veiller soigneusement à ce que les principes propres de la connaissance sensible ne franchissent pas leurs limites, et n'aillent pas toucher aux choses intellectuelles*[2]. Ainsi, il y a bien une question du rapport des substances entre elles, et cette question demande à être résolue autrement que par des éléments purement sensibles. Quelle est cette solution? D'abord, par le fait qu'il y a plusieurs substances[3], le principe de leur corrélation ne tient pas à leur seule existence, c'est-à-dire que leur tout est une somme de contingences. Puis, par le fait que les substances, bien que constituant un monde de purs contingents, n'en forment pas moins un enchaînement rigoureux, il s'ensuit que leur principe suprême est, en dernière analyse, un être *en dehors du monde (ens extramundanum)*, ou plus précisément encore un être qui n'est nullement une sorte d'âme du monde,

1. Section IV, par. 16, p. 406-407.
2. *Loc. cit.* (section V, par. 24, p. 411).
3. Et il y a bien plusieurs substances du moment que l'espace n'est pas le lieu commun des substances, mais une simple forme des phénomènes.

qui n'a nullement une présence locale mais virtuelle dans le monde[1].

Or, un tel théisme n'est-il pas justement ce qu'on pourrait appeler un « théisme relativement transcendant » ?

9. *Les leçons sur la Métaphysique*[2].

En parlant de la Théologie, Kant dit : Nous voici arrivés à cette partie de la Métaphysique qui en est le terme absolu et qui la rend tout entière nécessaire[3]. Quelle est l'idée que l'homme peut se faire de Dieu? Voilà la grande question. Or, la réponse est que l'homme ne peut se faire de Dieu qu'une idée logique, c'est-à-dire discursive ou médiate, car sa faculté de connaître est double[4]. A vrai dire, l'homme est naturellement porté à reconnaître quelque chose qui diffère de la nature ou qui doit en être la cause : une intelligence *paracosmique* (*intelligentia supramundana*) seule digne

1. « Causa itaque mundi est ens extramundanum, adeoque non est anima mundi, nec præsentia ipsius in mundo est localis, sed virtualis » (section IV, par. 19, p. 408).

2. *Immanuel Kant's Vorlesungen über die Metaphysik* (Ed. Pölitz, 1821).

Comme ces leçons n'ont pas été écrites par Kant lui-même, nous n'en faisons ici l'analyse qu'à titre simplement complémentaire. A quelle date ont été faites ces leçons? La question a été longuement discutée, notamment par Heinze, Benno Erdmann, Arnoldt, mais elle n'a pas été complètement résolue. En tout cas, elles sont postérieures à la *Dissertation* (1770) et antérieures à la *Critique de la raison pure* (1781). Cf. Victor Delbos, *La Philosophie pratique de Kant*, p. 163, note 3.

3. *Vorles. über die Met.*, p. 262.

4. *Ibid.* p. 137-138, 159-160, 307-311 et *passim*.

d'être appelée Dieu[1] ; et la nature dualistique (discursive) de sa faculté de connaître ne fait que lui confirmer cette conception naturelle qu'il a de Dieu. La foi subjective en un Dieu ainsi conçu est même plus ferme qu'une démonstration mathématique[2]. De sorte que s'il faut chercher encore des raisons objectives à cette foi, ce n'est nullement pour ceux qui la possèdent ou pour ceux qui la rejettent absolument, mais uniquement pour ceux qui ont des hésitations[3]. Quoi qu'il en soit, il y a bien une science qui s'occupe de la recherche des raisons objectives de la foi, et c'est la Théologie. Cette science est de deux sortes : Théologie révélée et Théologie rationnelle. La première repose sur la manifestation directe de l'être suprême aux hommes. Il est évident que ce n'est pas de celle-là que s'occupera Kant[4]. Ses efforts portent uniquement sur la Théologie rationnelle. Celle-ci se divise en : Théologie transcendantale (la raison suppose Dieu), — Théologie naturelle (l'expérience suppose Dieu), — Théologie morale (la morale suppose Dieu). Toutes ces Théologies (transcendantale, naturelle, morale) ont leur importance, dit Kant, mais la Théologie morale est, de toutes, la plus importante, car notre bonne conduite est l'affaire principale.

En effet, la Théologie transcendantale est l'introduction même aux deux autres. Mais, s'en tenir à elle seule,

1. P. 262-263, 265-266.
2. P. 266-267.
3. P. 266 et suiv.
4. Il s'en occupera plus tard (cf. *La Religion dans les limites de la simple raison*), mais en donnant au mot « révélé » un sens spécial, à savoir le sens d'*interprété*. Car le miracle pour Kant ne peut être que donné à l'homme et nullement produit par l'homme.

c'est être simplement déiste, c'est-à-dire c'est admettre un être primitif sans l'appeler, à proprement parler, divinité. La Théologie naturelle va plus loin que la Théologie transcendantale : elle nous dit que la divinité doit être intelligence, liberté, etc. Mais s'en tenir à elle, c'est tomber dans l'anthropomorphisme. C'est pourquoi il faut recourir à la Théologie morale qui, elle, nous conduit en effet à l'idée que l'homme doit se faire de Dieu. Et c'est tout ce que nous pouvons dire sur notre conception de Dieu ; c'est jusqu'ici que va notre raison. Et c'est tout à fait compréhensible si nous songeons que l'usage de la raison n'est pas tant la curiosité scientifique que le devoir[1]. C'est là donc un défaut qui a son avantage. Car, de la sorte, l'homme est plus porté à la réalisation de sa destinée morale. Mais, quoi qu'il en soit, toujours est-il qu'à la grande question : *comment la connaissance de Dieu est-elle possible?* L'homme est forcé de répondre qu'il ne peut avoir de Dieu qu'une connaissance à base dualistique, c'est-à-dire discursive, médiate ou *per analogiam*. Et c'est là un don de la Providence. Car, de la sorte, la foi est à l'abri de toute critique humaine.

Ainsi, je crois à l'existence de Dieu sans que je puisse démontrer à un autre ma croyance. Mais, par là même, je peux réduire *ad absurdum logicum et praticum* quiconque voudrait me prouver le contraire[2].

1. P. 331-335.
2. P. 292 et suiv.

CHAPITRE II

La Critique de la raison pure [1].

1. Problème posé par la Critique de la raison pure. — 2. Précision du problème de la Critique. — 3. Étude du problème posé par la Critique de la raison pure. — 4. Solution du problème posé par la Critique de la raison pure.

1. Nous avons déjà vu, lors de l'analyse de la *Dissertation* de 1770, comment Kant, en 1772, trouvait nécessaire d'entreprendre une *Critique de la raison pure* qui devait préciser le dualisme du sensible et de l'intelligible plus que ne l'avait fait la *Dissertation* [2]. Nous allons maintenant voir comment la *Critique de la raison pure*, réalisée en 1781, consiste, en effet, surtout dans une théorie sur l'entendement comme faculté intermédiaire entre la sensibilité et la raison.

Ainsi, Kant s'est aperçu, en 1772, que, dans la *Dissertation*, faute d'avoir insisté sur le triple rapport de la sensibilité avec l'entendement, de l'entendement avec la

1. *Kritik der reinen Vernunft*, I. Auflage, 1781, IV; II. Aufl., 1787, III.

2. Cf. la lettre à Marcus Herz (21 février 1772) citée plus haut, dans l'analyse de la *Dissertation*.

raison, de la raison avec la sensibilité, il avait bien insuffisamment établi le rapport entre le sensible et l'intelligible, — et en 1781, il entreprend une *Critique de la raison pure* qui devait, par une position atténuée du dualisme entre la sensibilité et l'entendement, préciser le dualisme entre la sensibilité et la raison. Ce qui veut dire que le dualisme radical que nous venons de voir dans les écrits qui précèdent la *Critique de la raison pure* est bien atténué dans celle-ci.

Cependant, nous devons répéter ce que nous avons déjà dit dans notre Introduction, à savoir que cette atténuation n'est en dernière analyse que la préparation, jugée nécessaire par Kant, à la position précise du dualisme précédent, dualisme qui, selon Kant, conduit à la solution des problèmes métaphysiques. De sorte qu'en analysant ici la *Critique de la raison pure* nous aurons justement à nous demander : « Comment Kant concilie-t-il les termes du dualisme précédent; ou, ce qui revient au même, la conciliation qu'opère la *Critique de la raison pure* n'est-elle pas, telle, précisément, qu'elle conduit toujours au même théisme relativement transcendant? » — C'est-à-dire que toute la question pour nous, en analysant ici la *Critique de la raison pure*, est la suivante : « En quoi consiste cette *Critique de la raison pure* de Kant qui, en précisant ce qui l'a précédée et en préparant ce qui l'a suivie, aboutit à la *Religion dans les limites de la raison* ? »

Mais, ceci dit, passons à la propre analyse de la *Critique de la raison pure*.

Le problème posé par Kant dans la *Critique de la raison pure* est énoncé dans les termes suivants : jusqu'où puis-je espérer arriver avec la raison, alors que tout concours de l'expérience m'est enlevé[1]? C'est-à-dire, dans quel sens ou dans quelle mesure cette science, par excellence de la raison, qui est la *Métaphysique*, est-elle possible? Car la Métaphysique n'est autre chose que l'inventaire des connaissances dues à la raison pure[2]. Ainsi il s'agit toujours pour Kant de la méthode propre à la Métaphysique.

Pour résoudre cette question, dit-il, examinons toutes les sciences qui tiennent de la raison pure et qui sont reconnues comme sciences, et voyons comment elles sont arrivées à être telles, afin de procéder de même avec la Métaphysique.

En premier lieu viendrait la *Logique*. Mais si la Logique s'est si fortement constituée, c'est parce qu'elle est de par sa nature même restée exclusivement dans le domaine de la raison ou en dehors de toute détermination objective. Or, il nous faut des sciences de raison, en effet, mais de celles qui portent sur des objets. Parmi ces sciences viennent en première ligne les *Mathématiques* et la *Physique*.

Examinons ces sciences. Nous trouvons que les Mathématiques par exemple se sont constituées comme science du moment où un Thalès s'est aperçu que, pour savoir sûrement quelque chose *a priori*, il ne fallait attribuer aux choses que ce qu'il résultait nécessairement des propriétés qu'on leur avait données, conformément au concept

---

1. « Nur dass hier die Frage aufgeworfen wird, wie viel ich mit derselben (Vernunft), wenn mir aller Stoff und Beistand der Erfahrung genommen wird, etwa auszurichten hoffen dürfe. » (*Kritik der reinen Vernunft*, I. Aufl., Vorrede, Ed. de l'Acad. de Berlin, vol. IV, p. 10.)

2. « Nun ist Metaphysik..... nichts als das Inventarium aller unserer Besitze durch reine Vernunft, systematisch geordnet. » (*Ibid.*, p. 13.)

qu'on s'en était fait. De même pour la Physique. Les physiciens, comme Galilée, posèrent les bases de leur science lorsqu'ils comprirent que la raison n'aperçoit que ce qu'elle produit elle-même avec dessein, lorsqu'ils se sont dit que la raison ne devait pas se laisser conduire au gré de la nature, mais qu'elle devait forcer celle-ci à répondre aux questions qu'elle lui pose[1]. Telle est la manière dont les Mathématiques et la Physique sont devenues des sciences. Or, ne faut-il pas faire la même chose en Métaphysique? Jusqu'ici, l'on a cru que toute notre connaissance devait se régler d'après les objets. Essayons donc si l'on ne réussirait pas mieux dans les problèmes métaphysiques, en supposant que les objets doivent se régler sur nos connaissances. Il en est ici comme de la première pensée de Copernic qui, voyant qu'il ne servait de rien, pour expliquer les mouvements des corps célestes, de supposer que les astres se meuvent autour du spectateur, essaya s'il ne vaudrait pas mieux supposer que c'est le spectateur qui tourne, et que les astres restent immobiles. D'ailleurs, si l'intuition devait se régler sur la nature des objets, je ne vois pas comment l'on pourrait connaître quelque chose *a priori*; mais si l'objet (comme objet des sens) se règle sur la constitution de notre faculté intuitive, je peux très bien me représenter cette possibilité[2]. Procédons donc à la manière de Copernic. Alors nous trouverons sans la moindre difficulté la solution cherchée. Dans ce cas, nous verrons que nous ne connaissons des objets que ce que nous y avons mis nous-mêmes[3]. De sorte que la solution à

1. *Kritik der reinen Vernunft*, II. Aufl., Vorrede, vol. III, p. 7-10.
2. *Ibid.*, p. 11-12.
3. *Ibid.*, p. 13.

la question sur la possibilité de la Métaphysique surgira de
la solution même au problème du rapport des principes
par lesquels nous connaissons les objets. Il est vrai que
dans ce cas le dogmatisme, qui prétend connaître les
derniers éléments des choses, est durement frappé. Mais
c'est là, justement, l'avantage de notre réforme. Elle dis-
tinguera entre les objets comme simples *phénomènes* et les
objets comme *choses en soi*, entre la connaissance proprement dite et la pensée en général, entre la représentation
sensible et la représentation purement intellectuelle, et,
par là, elle nous montrera précisément que, si nous ne
pouvons pas tout *connaître*, nous pouvons par contre tout
penser, à condition, évidemment, de ne pas nous contredire dans notre pensée. Elle limitera donc notre science,
mais par là elle fournira un véritable fondement à notre
croyance. Ainsi, comme il suffira, par exemple, à la Morale
que la liberté ne se contredise pas, sans qu'il soit besoin
d'en apercevoir autre chose, la Morale pourrait très bien
coexister avec la Physique, science basée sur le détermi-
nisme des phénomènes. Et il en sera de même pour les
autres croyances, comme la croyance à l'immortalité de
l'âme ou à l'existence de Dieu. Je devais donc abolir la
science (de la Métaphysique) pour faire place à la *foi*[1].
Car l'ordre admirable, la beauté et la providence qui bril-
lent dans la nature des choses doivent seuls produire la
croyance en un sage et grand *auteur du monde*[2]. De sorte
que la *Critique* est le seul moyen de couper les racines
du matérialisme, du fatalisme, de l'incrédulité religieuse[3].

1. *Ibid.*, p. 19.
2. *Id.*, p. 20.
3. *Id.*, p. 21.

Mais la première question est d'arriver à bien préciser ce problème de la *critique*, car le dogmatisme n'est que trop enraciné dans l'esprit humain, et il s'oppose précisément à toute critique.

2. D'abord il semble que c'est l'expérience qui est la seule source de notre connaissance. Mais c'est là une illusion qu'il est facile de dissiper. Car nous ne tardons pas à nous apercevoir qu'il y a des connaissances qui se caractérisent avant tout par leur universalité et leur nécessité, que l'expérience ne peut donc nullement expliquer, et qui, par conséquent, ont leur source aussi dans la raison.

Puis il semble que c'est la raison qui est la seule source de notre connaissance. Or, c'est là encore une illusion qui, bien que plus difficile à dissiper que la précédente, n'en est pas moins une illusion qu'on peut dissiper. Elle est semblable à l'illusion de la colombe qui, rencontrant dans son vol la résistance de l'air, s'imagine qu'elle volerait mieux dans le vide ; ou elle est pareille à l'illusion de Platon qui, s'étant aperçu que le sensible était une voie (l'unique voie) qui conduisait par trop lentement à l'intelligible, s'imagina qu'il pourrait arriver plus tôt à ce dernier s'il supprimait tout à fait le premier [1].

Or, d'où viennent ces illusions ? Elles viennent de ce que nous ne distinguons pas assez les diverses opérations de notre esprit, c'est-à-dire de ce que nous ignorons la nature profondément dualiste de notre manière de connaître. Nous prenons souvent de pures analyses pour des synthèses et inversement. Il y a donc là une lacune

1. *Einleitung*, par. 3, p. 30 et suiv.

qu'il s'agit de combler. C'est pourquoi il faut commencer notre étude par la distinction même de ces deux modes de connaissances[1].

D'abord, il n'est point difficile de s'apercevoir que le rapport entre le prédicat et le sujet d'un jugement est de deux sortes : ou bien le prédicat est tiré de l'analyse même du sujet, au moyen du principe général de la pensée (le principe d'identité) et alors le jugement est simplement *analytique* ou *explicatif*, car le prédicat n'ajoute rien mais exprime seulement ce qui est déjà contenu dans le sujet; ou bien le prédicat est ajouté au sujet et alors le jugement est *synthétique* ou *extensif*, car le prédicat exprime quelque chose de nouveau par rapport au simple contenu du sujet. Ainsi, quand je dis *tous les corps sont étendus*, j'exprime un jugement analytique; lorsque je dis *tous les corps sont pesants*, j'exprime un jugement synthétique. Puis il est évident que les jugements analytiques, résultant de l'acte même de la pensée sur le propre concept du sujet, sont tous *a priori* (rationnels, universels et nécessaires). Mais la difficulté commence quand on veut expliquer plus complètement les jugements synthétiques. Les jugements synthétiques, dit-on, se rapportant à l'expérience, ne sauraient être qu'*a posteriori*. Or, il y a, certes, bien des jugements synthétiques qui sont *a posteriori*; mais dire que tous les jugements synthétiques sont *a posteriori*, c'est ignorer que la véritable science consiste dans des jugements synthétiques *a priori* et que par conséquent toute la question est justement de savoir comment des jugements synthétiques *a priori* sont possibles. — En effet, pour savoir par exemple que

1. *Id.*, p. 33 et suiv.

$7 + 5 = 12$, je dois ajouter à la somme 7 non pas la somme 5 mais les unités une à une de cette somme, c'est-à-dire que je dois faire une synthèse au moyen d'une intuition; et cependant j'arrive à un jugement nécessaire. — Il en est de même pour les propositions de la Géométrie. Soit, par exemple, la proposition : la ligne droite entre deux points est la ligne la plus courte. Malgré sa nécessité, c'est un jugement synthétique. Le concept de *plus court* doit être complètement ajouté au concept de *ligne droite*, c'est-à-dire que le concept de *plus court* ne peut être dérivé par aucune analyse du concept de *ligne droite*, puisque celui-ci ne renferme qu'une idée de qualité et nullement une idée de quantité. — La Physique aussi contient, du moins comme principes, des jugements synthétiques *a priori*. Soit par exemple ces deux propositions : 1° la quantité de la matière reste la même dans tout changement du monde corporel; 2° l'action et la réaction dans le mouvement doivent être égales l'une à l'autre. Ici encore, il est évident que le concept de permanence, par exemple, doit être ajouté au concept de matière et non pas simplement tiré de ce concept, vu que celui-ci signifie tout au plus la présence actuelle dans l'espace et nullement la permanence. Et cependant c'est un jugement nécessaire. — De sorte que toute la question est de savoir comment des jugements synthétiques *a priori* sont possibles[1]. — Comment donc concevoir la possibilité de ces jugements qui sont synthétiques

---

1. Par. 6, p. 39 et suiv.

Pour l'intelligence des jugements synthétiques chez Kant, il est bon de se référer aussi aux *Prolégomènes*. — Pour la *formation de l'idée des jugements synthétiques a priori chez Kant*, V. Victor Delbos, *L'Année philosophique*, 1909-1910.

et toutefois *a priori*? Mais, en se posant cette question, Kant ne fait autre chose que préciser le problème de la *Critique de la raison pure* : il fait dépendre la solution du problème sur la possibilité de la Métaphysique, de la solution du problème sur la possibilité de la Science ou de la solution apportée à la simple question de notre manière de connaître; c'est-à-dire qu'il ne fait autre chose que se demander : comment un accord entre la raison et la sensiblité est-il possible? Car, dire jugement synthétique *a priori*, c'est dire accord des sens et de la raison, de même que dire accord des sens et de la raison, c'est dire jugement synthétique *a priori*. D'où la division de la *Critique de la raison pure* en Esthétique ou étude de la sensibilité dans ses rapports avec la raison, et en Logique ou étude de l'entendement (la raison appliquée à la sensibilité[1]). Il s'agit donc surtout d'une Critique de la raison pure, c'est-à-dire surtout d'un examen du propre rôle de la raison dans ce genre de connaissances qui sont synthétiques et cependant *a priori*. Mais il s'agit aussi d'une Critique de la sensibilité pure, c'est-à-dire d'un examen du propre rôle de la sensibilité dans les jugements *a priori* et toutefois synthétiques. Cette étude sera, dans son ensemble, une étude transcendantale (portant sur des jugements à la fois synthétiques et *a priori*). Elle ne sera pas tant une philosophie transcendantale que l'idée, la préparation, la *Propédeutique* ou la *Critique* d'une pareille philosophie[2].

1. Ce que nous venons de dire sera de plus en plus expliqué dans la suite.

2. C'est-à-dire que la *Critique de la raison pure* n'est que l'introduction à la véritable Métaphysique (transcendantale), et nullement cette Métaphysique même qui, elle, consisterait dans l'inventaire de

3. Ainsi, toute la question pour nous, dit Kant, est de préciser le rapport de la raison avec les sens dans le

tous les jugements synthétiques *a priori* dus à la seule raison pure et non pas seulement comme la Critique, dans la simple explication du rôle de certaines données *a priori* dans la formation de tous les jugements synthétiques *a priori* en général (mathématiques, physiques, métaphysiques).

Pour ce qui est du mot « transcendantal », Kant en donne généralement le sens suivant : le transcendantal, c'est ou bien la connaissance qui se rapporte *a priori* à un objet, ou bien l'objet auquel se rapporte *a priori* une connaissance : et il veut montrer qu'il n'y a que le seul transcendantal, de l'entendement, qui, en se plaçant entre la sensibilité et la raison, puisse décider du degré de la connaissance que nous pouvons avoir du monde tel qu'il est (de la chose en soi) :

« Ich nenne alle Erkenntnis *transcendental*, die sich nicht sowohl mit Gegenständen, sondern mit unsern Begriffen *a priori* von Gegenständen überhaupt beschäftigt... Zur Kritik der reinen Vernunft gehört alles, was die Transcendentalphilosophie ausmacht (*Kritik der reinen Vernunft*, I. Aufl., vol. IV, Einleitung, p. 23-24). — Das Object, worauf ich die Erscheinung überhaupt beziehe, ist der transcendentale Gegenstand, d. i. der gänzlich unbestimmte Gedanke von Etwas überhaupt. (*Ibid.* Von dem Grunde der Unterscheidung im Phæn. und Noum., p. 165). Die Transcendentalphilosophie... von Begriffen handelt, die sich auf ihre Gegenstände *a priori* beziehen sollen... (*Kritik der reinen Vernunft*, II. Aufl., vol. III, Analytik der Grundsätze, Einleitung, p. 133). — Und hier mache ich eine Anmerkung, die ihren Einfluss auf alle nachfolgende Betrachtungen erstreckt, und die man wohl vor Augen haben muss, nämlich : dass nicht eine jede Erkenntnis *a priori*, sondern nur die, dadurch wir erkennen dass und wie gewisse Vorstellungen (Anschauungen oder Begriffe) lediglich *a priori* angewandt werden oder möglich sind, transcendental (d. i. die Möglichkeit der Erkenntnis oder der Gebrauch derselben *a priori*) heissen müsse. (*Ibid.* Transc. Logik, Einleitung, p. 78.) Ich nenne die Erklärung der Art, wie sich Begriffe *a priori* auf Gegenstände beziehen können, die transcendentale Deduction. (*Ibid.*, Analytik, Von den Prinzipien einer transcend. Deduction überhaupt, p. 100). — Zur Kritik der reinen Vernunft gehört alles, was die Transcendentalphilosophie aus-

domaine de la connaissance scientifique, afin que par là nous voyions la véritable valeur de la seule raison en matière de Métaphysique. Ce qui veut dire que notre étude comprendra : 1° une *Esthétique transcendantale* (étude de la Sensibilité dans ses rapports avec la Raison); 2° une *Logique transcendantale* (étude de la Raison dans ses rapports avec la Sensibilité); 3° une *Méthodologie transcendantale* (passage de la *Critique* à la *Philosophie transcendantale*).

Comment donc des jugements synthétiques *a priori*, c'est-à-dire des connaissances scientifiques, sont-ils possibles? La réponse donnée à cette question sera la solution même de notre problème sur la possibilité de la Métaphysique ou sur la possibilité d'une science par la raison absolument pure.

Commençons par les éléments qui constituent le rapport de la sensibilité à la raison. Quels sont ces éléments? En analysant la sensibilité à ce point de vue on trouve que les éléments cherchés sont l'*espace* et le *temps*. Car d'une part il n'y a pas d'objet, en tant qu'objet de connaissance, qui ne soit pas donné dans l'espace et dans le temps, c'est-à-dire qui nous affecte autrement qu'au moyen de l'espace et du temps, et d'autre part il n'y a pas d'objet de connaissance donné dans l'espace et dans le temps, qui, en

macht, und sie ist die vollständige Idee der Transcendentalphilosophie, aber diese Wissenschaft noch nicht selbst. (*Kritik d. r. V.*, I. Aufl., Einleitung, p. 24). — Die Kritik der reinen Vernunft ist die Kritik von den Conditionen, unter welchen allein die reine menschliche Vernunft urteilen kann. (*Kant's Reflexionen*, Edition Benno Erdmann, vol. II, p. 35.) — In der Transcendentalphilosophie kommen Notionen, aber nicht Ideen vor. (*Ibid.*, p. 36.) »

Mais ce que nous venons de dire s'éclaircit nécessairement par la suite.

tant qu'objet de connaissance, n'exige pas des concepts de
la raison. En effet, si nous considérons l'espace et le
temps, nous voyons que ce sont vraiment des intuitions *a
priori* et par suite des formes de la sensibilité. Prenons,
par exemple, l'espace. Il n'est ni un concept empirique
(donné par l'expérience), car 1° l'expérience le suppose et
2° on ne peut pas en faire abstraction; ni un concept dis-
cursif (donné par le raisonnement), car 1° il est unique et
2° il est infini. Et il en est de même pour le temps. Or, de
ce fait même que l'espace et le temps, dans lesquels nous
sont donnés les objets à connaître, sont des intuitions *a
priori*, c'est-à-dire de simples formes de notre sensibilité,
il résulte que les objets en tant que matière de notre connaissance par la sensibilité ne sont autre chose qu'une
pure diversité ou que de simples *phénomènes*. Ce qui veut
dire que la sensibilité ne saurait nous fournir à elle seule
les principes de la véritable science, et que, par conséquent, nous devons chercher encore ces principes dans
cette autre de nos facultés de connaître, qui est la raison.
Passons donc aux éléments qui constituent le rapport
entre la raison et la sensibilité.

Les éléments de la raison exigés par la sensibilité
s'appellent des *catégories*. Or, les catégories viennent-
elles directement de la raison pure elle-même? Pouvons-
nous passer de la sensibilité directement à la raison pure
elle-même? Voilà la question centrale de la *Critique de la
raison pure*. Eh bien, la réponse est qu'entre la sensibilité
et la raison se trouve l'entendement [1].

1. « Alle unsere Erkenntnis hebt von den Sinnen an, geht von da
zum Verstande und endigt bei der Vernunft ». (*Kritik der reinen
Vernunft*, Dialektik, Von der Vernunft überhaupt, II. Aufl., vol. III,
p. 237.)

Qu'est-ce donc au juste que l'entendement ? Comment se substitue-t-il à la raison et comment s'accorde-t-il avec la sensibilité ? Voilà la forme précise de la question centrale de la *Critique de la raison pure*. Or, comment Kant résout-il cette question ? C'est en faisant de l'entendement une faculté intermédiaire entre la sensibilité et la raison ; mais de telle sorte justement qu'il ne veut faire rien autre chose par là que préciser le dualisme radical des écrits antérieurs à la *Critique de la raison pure* et préparer ainsi la position du dualisme radical des écrits postérieurs à la *Critique de la raison pure*, position d'où il partira pour résoudre le problème de la possibilité de la Métaphysique et pour aboutir au christianisme ou au théisme relativement transcendant.

L'entendement (la source des catégories), dit Kant, a d'abord la même racine que la sensibilité[1]. De plus, il doit y avoir un moyen terme qui ressemble en partie aux catégories (de l'entendement), en partie aux phénomènes (de la sensibilité), et qui rende possible l'application des premières aux derniers. C'est-à-dire qu'il doit y avoir un moyen terme qui soit à la fois *sensible* et *intellectuel*. Tel est, en effet, le schème transcendantal[2]. Ce schématisme

---

1. « Nur so viel scheint zur Einleitung oder Vorerinnerung nötig zu sein, dass es zwei Stämme der menschlichen Erkenntnis gebe, die vielleicht aus einer gemeinschaftlichen aber uns unbekannten Wurzel entspringen, nämlich Sinnlichkeit und Verstand. » (*Kritik der reinen Vernunft*, Einleitung, II. Aufl., vol. III, p. 46.)

2. « Nun ist klar, dass es ein Drittes geben müsse, was einerseits mit der Kategorie, andererseits mit der Erscheinung in Gleichartigkeit stehen muss und die Anwendung der ersteren auf die letzte möglich macht. Diese vermittelnde Vorstellung muss rein (ohne alles Empirische) und doch einerseits *intellectuel*, andererseits *sinnlich* sein. Eine solche ist das *transcendentale Schema*. » (*Ibid.* Analytik, Von dem Schematismus, p. 134.)

de l'entendement est un art secret dans les profondeurs
de l'âme humaine, dont nous aurons de la peine à saisir
le vrai procédé [1]. Cependant, on peut dire d'une manière
générale que le schème est le produit de la faculté appelée imagination [2]. Mais qu'est-ce que l'imagination? L'imagination est la faculté de se représenter dans l'intuition
un objet en son absence même. Or, comme toute notre
intuition est sensible, l'imagination appartient à la sensibilité [3]. Mais en tant que synthèse spontanée, l'imagination appartient à l'entendement. C'est donc une seule
et même spontanéité qui, tantôt sous le nom d'imagination, tantôt sous celui d'entendement, produit l'unité
dans la diversité [4]. Cependant, il ne faut pas aller jusqu'à
dire que l'entendement (la source des catégories) participe
surtout de la sensibilité. Car autant la sensibilité est une
faculté passive et réceptive, autant l'entendement est une
faculté active et spontanée; et puis l'entendement n'est à
vrai dire que la raison elle-même, mais en tant seulement
que celle-ci s'applique à la sensibilité [5]. Mais cela ne veut

1. *Ibid.*, p. 136.
2. « Das Schema ist an sich selbst jederzeit nur ein Product der
Einbildungskraft » (p. 135).
3. « *Einbildungskraft* ist das Vermögen, einen Gegenstand auch
ohne dessen Gegenwart in der Anschauung vorzustellen. Da nun
alle unsere Anschauung sinnlich ist, so gehört die Einbildungskraft
zur Sinnlichkeit; so fern aber doch ihre Synthesis eine Ausübung
der Spontaneität ist... so ist die Einbildungskraft eine Wirkung des
Verstandes auf die Sinnlichkeit und die erste Anwendung desselben
auf Gegenstände. » (Analytik, Von der Anwendung der Kategorien
auf Gegenstände der Sinne überhaupt, p. 119-120.)
4. « Es ist eine und dieselbe Spontaneität, welche dort unter dem
Namen der Einbildungskraft, hier des Verstandes, Verbindung in
das Mannigfaltige der Anschauung hineinbringt » (p. 126, note).
5. « Die Fähigkeit (Receptivität), Vorstellungen durch die Art, wie
wir von Gegenständen afficirt werden, zu bekommen, heisst Sinn-

pas dire qu'il faut identifier l'entendement avec la raison proprement dite. Car si l'entendement peut être défini la faculté de ramener les phénomènes à l'unité au moyen des règles, la raison est la faculté de ramener à l'unité les règles de l'entendement sous des principes. C'est-à-dire qu'il faut savoir que la raison ne se rapporte jamais immédiatement à l'expérience ou à un objet, mais à l'entendement, pour donner de l'unité *a priori*, par des concepts, aux connaissances diverses de l'entendement, — unité qu'on peut appeler rationnelle et qui diffère essentiellement de celle qu'on peut tirer de l'entendement[1] et qu'on peut appeler intellectuelle[2]. Si donc la raison pure

lichkeit » (*Transcend. Aesthetik*, par. 1, p. 49) «... so ist dagegen das Vermögen, Vorstellungen selbst hervorzubringen, oder die Spontaneität des Erkenntnisses, der Verstand. Unsere Natur bringt es so mit sich, dass die Anschauung niemals anders als sinnlich sein kann, d. i. nur die Art enthält, wie wir von Gegenständen affcirt werden. Dagegen ist das Vermögen, den Gegenstand sinnlicher Anschauung zu denken, der Verstand. Keine dieser Eigenschaften ist der andern vorzuziehen. Ohne Sinnlichkeit würde uns kein Gegenstand gegeben und ohne Verstand keiner gedacht werden. Gedanken ohne Inhalt sind leer, Anschauungen ohne Begriffe sind blind » (Transcend. Logik, Einleitung, p. 75). « Der Empirismus der reinen Vernunft : Gesunder Verstand. » (*Reflexionen*, éd. Benno Erdmann, vol. II, p. 59.)

1. « Der Verstand mag ein Vermögen der Einheit der Erscheinungen vermittelst der Regeln sein, so ist die Vernunft das Vermögen der Einheit der Verstandesregeln unter Prinzipien. Sie geht also niemals zunächst auf Erfahrung oder auf irgend einen Gegenstand, sondern auf den Verstand, um den mannigfaltigen Erkenntnissen desselben Einheit *a priori* durch Begriffe zu geben, welche Vernunfteinheit heissen mag und von ganz anderer Art ist, als sie von dem Verstande geleistet werden kann. » (*Dialektik*, Von der Vernunft überhaupt, p. 239.)

2. « Man kann jene welche die Kategorie ausdrückt, Verstandeseinheit nennen... » (*Dialektik*, Von den transcendentalen Ideen, p. 253.)

se rapporte à des objets, elle n'a pas de rapport immédiat
à ces objets et à leur intuition, elle n'a de rapport qu'avec
l'entendement qui, lui, est en effet en contact plus ou
moins direct avec les sens[1].

Voilà donc comment les *jugements synthétiques* a priori
sont possibles. Ces jugements, qui représentent la véritable science humaine, viennent de l'accord des sens avec
l'entendement. Mais ce n'est là, on se le rappelle, que la
solution du problème qui devait préparer la solution de cet
autre problème que nous nous sommes tout particulière-
ment posé : quelle est la valeur scientifique des concepts
métaphysiques (idées) de la raison pure ? Passons donc à
l'étude spéciale de ce problème, c'est-à-dire tirons les conclusions du problème de la Science, déjà résolu, en vue du
problème de la Métaphysique, que nous avons encore à
résoudre[2].

1. « Wenn also reine Vernunft auch auf Gegenstände geht, so
hat sie doch auf diese und deren Anschauung keine unmittelbare
Beziehung, sondern nur auf den Verstand und dessen Urtheile,
welche sich zunächst an die Sinne und deren Anschauung wenden,
um diesen ihren Gegenstand zu bestimmen » (*Dialektik*, Von dem
reinen Gebrauche der Vernunft, p. 242).

2. C'est ici que commence la *Critique proprement dite de la raison
pure* ou la *Critique de la connaissance*. Jusqu'ici, nous avons eu seulement une *Théorie de la connaissance*, c'est-à-dire une Esthétique et
une Logique transcendantales. La théorie de la connaissance prépare la critique de la connaissance. Celle-ci n'étudie plus tout simplement, comme la précédente, le processus de la science, mais
elle se demande encore et surtout si la science est vraiment possible et quelle est la valeur de la science, jusqu'où va-t-elle dans
l'explication du monde. La *Théorie* et la *Critique* de la connaissance
sont ainsi les deux parties de ce sommet de la philosophie que les
successeurs de Kant, à partir de *Fichte*, appelèrent *Doctrine de la
Science* (Cf. Benno Erdmann, *Logik*, 1 vol., II éd. Einleitung,
chap. III, par. 11, p. 15 et suiv.; Jerusalem, *Der kritische Idealismus*

4. La science est possible grâce à certains termes intermédiaires qui se trouvent entre la sensibilité et la raison.
C'est-à-dire que la source de la connaissance est la sensibilité soumise à l'entendement comme l'objet auquel
celui-ci applique ses fonctions, et la source de l'erreur est
la sensibilité en tant qu'elle influe sur l'action de l'entendement et le détermine à juger[1].

Mais s'il en est ainsi, la solution du problème de la
valeur métaphysique des concepts de la raison pure est
quasi trouvée. Car que résulte-t-il de la science ainsi
conçue? Il résulte que l'objet de notre science est au
fond une limite entre le sensible et l'intelligible ou un
problème que les sens ne peuvent pas résoudre et que
l'entendement ne peut que poser. C'est-à-dire que les objets
de notre connaissance sont d'un côté des phénomènes (des
apparences), puisqu'ils nous sont donnés par la sensibilité
(dans l'espace et dans le temps qui sont les simples formes
de notre sensibilité), et d'un autre côté quelque chose
de plus que de simples phénomènes, vu qu'il est nécessaire
de leur appliquer l'entendement; mais quelque chose de

und die reine Logik (1905), chap. II, p. 21 sq.; chap. IV, p. 134-135) ;
la Critique est donc cette partie de la Doctrine de la science que
Kant lui-même avait déjà appelée Etude de la méthode propre à la
Métaphysique ou des limites de la sensibilité et de la raison, étude qui
devait montrer que les propositions de la sensibilité jouaient, mal
à propos, un rôle dans la Métaphysique où il ne s'agit que des propositions de la raison. (Cf. Kant, Briefwechsel, t. I (10), lettre à
Lambert, 31 déc. 1765, p. 52-53; lettre à Marcus Herz, 7 juin 1771,
p. 117; lettre à Lambert, 2 sept. 1770, p. 94; lettre à Marcus Herz,
21 fév. 1772.)

1. « Die Sinnlichkeit, dem Verstande untergelegt, als das Object,
worauf dieser seine Function anwendet, ist der Quell realer Erkenntnisse. Eben dieselbe aber so fern sie auf die Verstandeshandlung
selbst einfliesst und ihn zum Urtheilen bestimmt, ist der Grund des
Irrtums. » (Transc. Dialekt., Einleit., p. 235, note.)

plus et non pas cependant quelque chose de tout à fait intelligible, puisque ce n'est pas la raison elle-même qui s'y applique.

Il en résulte donc que les objets de notre connaissance sont quelque chose de plus que ce que nous en disent les sens : ils ne sont pas de simples phénomènes, mais encore des *noumènes* (*signifiant* vraiment quelque chose au point de vue de leur réalité) bien que seulement au *sens négatif* (en un sens encore assez indéterminé, simplement *intellectuel* ou *transcendantal* (conditionnel) et nullement au *sens positif* ou pleinement *intelligible*. C'est-à-dire qu'il résulte qu'entre notre sensibilité et notre raison se trouve notre entendement qui, d'un côté, limite les sens, en appelant les *choses en soi* des *noumènes au sens négatif* et non pas de simples phénomènes, et qui, d'un autre côté, se pose à lui-même des bornes qui l'empêchent d'affirmer autre chose que la *possibilité* de l'existence des *choses en soi*[1].

1. Von dem Grunde der Unterscheidung im *Phænomena* und *Noumena*, p. 210 et suiv.

Ainsi, le mot *transcendantal* signifie, pour Kant, ce qui est entre le *sensible* (le simple phénomène) et l'intelligible (le noumène au sens positif), ce qui n'est ni purement *sensible* ni purement *intelligible*, mais purement *intellectuel* : les formes de la sensibilité, les catégories de l'entendement, les idées de la raison, les jugements synthétiques *a priori*, la chose en soi en tant que correspondant à un jugement synthétique *a priori*, c'est-à-dire en tant que noumène au sens négatif. Mais c'est là le sens général du mot *transcendantal*. Or, vu la distinction faite entre la *Critique* et la *Philosophie* transcendantale, il y a lieu de distinguer encore deux autres sens, ceux-ci plus précis, à savoir le transcendantal au sens critique et le transcendantal au sens métaphysique. Le premier est le transcendantal en tant que simple *condition a priori* de tous les jugements synthétiques *a priori* (de la science en général : Mathématiques, Physique, Métaphysique) : les formes de la sensibilité, les catégories, etc.; le second consiste

Nous n'avons donc à présent qu'à partir de l'entendement ainsi défini et à nous demander ce qu'est au juste

dans les jugements synthétiques *a priori* eux-mêmes, mais seulement ceux qui sont dus à la seule raison pure et non pas tous. (C'est la Métaphysique annoncée mais non pas réalisée par la Critique.) Cependant, que ce soit seulement au sens critique ou que ce soit au sens métaphysique, le transcendantal signifie toujours ce qui est purement *intellectuel* ou ce qui est entre le *sensible* et l'*intelligible*.

Mais voici quelques textes précis concernant la conception de Kant sur la chose en soi, c'est-à-dire la conception de Kant sur le rapport entre le phénomène et le transcendantal ou noumène au sens négatif d'une part, et entre le transcendantal et le noumène proprement dit (au sens positif), d'autre part:

« Es ist ungezweifelt gewiss... dass Raum und Zeit, als die nothwendigen Bedingungen aller (äussern und innern) Erfahrung, bloss subjective Bedingungen aller unserer Anschauung sind, im Verhältnis auf welche daher alle Gegenstände blosse Erscheinungen und nicht für sich in dieser Art gegebene Dinge sind, von denen sich vieles *a priori* sagen lässt, niemals aber das Mindeste von dem Dinge an sich selbst, das diesen Erscheinungen zum Grunde liegen mag. (*Kritik der reinen Vernunft*, II. Aufl., Transc. Aesthet., Allgem. Anmerkungen, p. 69). Wenn ich sage: im Raum und der Zeit stellt die Anschauung sowohl der äusseren Objecte, als auch die Selbstanschauung des Gemüths beides vor, so wie es unsere Sinne afficirt, d. i. wie es erscheint, so will das nicht sagen, dass diese Gegenstände ein blosser Schein wären... Es wäre meine eigene Schuld, wenn ich aus dem, was ich zur Erscheinung zählen sollte, blossen Schein machte (p. 71).

Daher erstrecken sich die Kategorien so fern weiter als die sinnliche Anschauung, weil sie Objecte überhaupt denken, ohne noch auf die besondere Art (der Sinnlichkeit) zu sehen, in der sie gegeben werden mögen. Sie bestimmen aber dadurch nicht eine grössere Sphäre von Gegenständen, weil, dass solche gegeben werden können, man nicht annehmen kann, ohne dass man eine andere als sinnliche Art der Anschauung als möglich voraussetzt, wozu wir aber keinesweges berechtigt sind.

Ich nenne einen Begriff problematisch, der keinen Widerspruch enthält, der auch als eine Begrenzuug gegebener Begriffe mit andern Erkenntnissen zusammenhängt, dessen objective Realität aber auf

exposées. Car, si le contraste est réductible à l'analogie, et l'analogie, de son côté, à la contiguïté, est-ce cette contiguïté qui gouverne le cours de nos pensées ?

Nous avons observé antérieurement que le concept de contiguïté est complexe. Le mot a trois sens ; il s'applique : 1° à des objets placés l'un à côté de l'autre dans l'espace ; 2° à des phénomènes qui se succèdent immédiatement dans le temps ; 3° aux choses pensées ensemble, qu'elles soient ou non contiguës dans la nature. Pour cette raison, les choses ressemblantes, si éloignées qu'elles soient dans la réalité, peuvent être considérées comme contiguës attendu que leur perception correspond à un même processus cérébral.

Par cette conception on fait tomber plusieurs théories précitées. La loi de ressemblance devient par là superflue. La théorie à deux lois perd également sa valeur. La doctrine aristotélique n'avance pas plus la solution en introduisant, avec le contraste, une formule accessoire et facilement réductible aux autres. Enfin, la notion de contiguïté une fois élargie pour englober la coexistence et la succession immédiate, la théorie de quatre lois perd son sens et, se réduisant à la théorie à trois lois, en subit le sort.

Cependant, à y regarder de plus près, la psychologie comme science ne gagne pas grand'chose à cette conception. Nous croyons que les lois associatives se laissent unifier par la loi de contiguïté. Mais cette unification une fois accomplie, il s'agit de savoir quelle en est la valeur scientifique et dans quelle mesure cette loi unique nous.donne la vraie explication du cours de nos idées. Nous devons donc à son tour la soumettre à un examen critique.

CLAPARÈDE objecte justement que la formule de cette loi signifie une tautologie. La contiguïté et la ressemblance objectives aboutissent dans la conscience à la contiguïté subjective, et celle-ci n'est autre chose qu'une association. Rappelons-nous le rôle des fibres associatives dans le phénomène d'association, et nous n'aurons pas de peine à comprendre l'équivalence de ces deux termes au point de vue phychologique. Pour la conscience deux choses contiguës sont deux choses associées, et dire que les idées s'associent en vertu de la contiguïté, c'est dire qu'elles s'associent en vertu de l'association ! Elles s'associent parce qu'elles sont associées — voilà à quoi revient la loi de contiguïté.

Mais cet inconvénient n'est pas le plus grave. Le point vraiment scabreux c'est l'inefficacité de cette loi. De fait, elle est trop capricieuse, inapte à nous permettre des prévisions exactes, parfois même prête à nous jouer des tours inattendus. Il s'agit de savoir plus précisément pourquoi l'idée A évoque l'idée B. La loi de contiguïté explique : parce que B est contigu à A. Mais alors une autre question vient s'imposer : dans notre conscience il y a encore une idée X qui est également en rapport de contiguïté avec A. Pourquoi donc ce X n'est-il pas rappelé à la place de B puisque son rapport avec A est le même ? Pour quelle raison B est-il préférable à X ?

Th. Brown a senti la difficulté de cette question et pour
y répondre il s'est donné la peine de chercher des lois secondaires qui doivent appuyer la loi principale. Il y a d'a-
bord la loi de répétition, puis la loi de clarté des idées, celle
de l'intérêt personnel, du caractère individuel et d'autres
encore. Conséquemment, si, par exemple, l'idée de Descartes me rappelle son « Discours » plutôt que ses « Médi-
tations », bien que toutes ces idées aient été pensées ensemble, cela est dû à ces lois accessoires : l'idée du « Discours » a été, peut-être, plus souvent répétée dans l'esprit,
ou bien elle est plus nette dans le champ des idées, ou encore elle s'accorde mieux avec le moment actuel de ma conscience, et ainsi de suite. Ce qu'il faut retenir c'est le fait
que la loi de contiguïté seule n'est pas capable d'expliquer
le mécanisme de l'association et ne peut subsister qu'avec
l'appui de règles auxiliaires. Or, une loi qui, pour réussir à
rendre compte de tous les faits, a besoin d'être ainsi étayée,
perd essentiellement de sa valeur (1).

Mais ce n'est pas tout. Un défaut plus grave vient encore
diminuer son crédit.

____

1. Les lois naturelles, les vraies lois physiques, ne connaissent
pas ces vice-lois auxiliaires ; elles se suffisent à elles seules. M.
Lalande, professeur à la Sorbonne, remarque avec raison : « Une
loi naturelle qui a des exceptions est une loi que nous connaissons mal et dont la formule, hâtivement construite, réclame
des rectifications secondaires : c'est elle qui a tort ». (A. Lalande, *L'idée directrice de la dissolution opposée à celle de l'é-
volution*, Paris, 1898, p. 170).

Nous énonçons, par exemple, une loi psychologique en ces termes : « une augmentation ou une diminution de la pression d'un poids sur la peau ne sera sentie que si le poids ajouté ou retranché est dans le rapport de 1/3 au poids primitif » (1). Nous avons ici une relation étroite entre la pression d'un poids et la sensation produite. L'énonciation de ce fait revêtant la forme d'une loi il est aisé de saisir cette relation : de même que de la pression d'un poids nous pourrions conclure à la sensation, de même de celle-ci nous saurions déduire celle-là.

Appliquons maintenant ce raisonnement à la loi de contiguïté. Les idées qui ont été — dit-on — contiguës l'une à l'autre s'associent réciproquement. Pour qu'on puisse conférer à cette proposition le caractère d'une loi associative il faut qu'elle démontre deux choses :

1° les idées en rapport de contiguïté s'évoquent l'une l'autre, et

2° les idées s'évoquant l'une l'autre sont en rapport de contiguïté.

La prévision qui est impliquée dans toute véritable loi n'est possible qu'à cette condition.

Or, la loi de contiguïté ne remplit pas ces conditions. Une quantité innombrable de choses et d'idées contiguës se présente à l'esprit au cours d'une seule journée, sans que leur contiguïté exerce la moindre influence sur leur association ou évocation. Songeons au nombre d'objets les plus

1. Jules Tannery, *Science et philosophie*, 1912, p. 131.

familiers qui nous entourent quotidiennement dans notre vie pratique. S'il y a quelque part rapports de coexistence, de succession, de simultanéité, c'est assurément là. Et pourtant y a-t-il un seul homme dont la conscience s'arrête à l'association de leurs idées ? Nous les percevons toujours ensemble, mais que la pensée aille forcément de l'un à l'autre, comme la loi de contiguïté l'exigerait, la réalité ne nous montre rien de tel.

Mais accordons même qu'avec l'aide des lois auxiliaires la première proposition se trouve toujours vérifiée, il resterait encore à démontrer la seconde : les idées qui se suggèrent l'une l'autre sont toujours contiguës. Or, c'est insoutenable.

En réalité, l'association par contiguïté ne peut désigner, par définition, qu'une relation préalablement établie. La rencontre des idées en raison de ce rapport doit être nécessairement la rencontre amicale de vieilles connaissances. Quel que soit le sens du principe de contiguïté (coexistence, succession, simultanéité) les idées qui lui doivent leur apparition présupposent la liaison *déjà faite*. L'association n'est donc qu'une répétition qui exclut toute nouveauté et création originale. La loi de contiguïté proclame nettement : si une idée surgit dans la conscience, c'est parce qu'elle a été associée avec une autre idée, et si elle est associée avec une autre idée, c'est parce que toutes les deux ont été pensées ensemble *antérieurement* (pensées ensemble par suite de la coexistence de leurs objets extérieurs, ou bien par suite de la succession immédiate de leurs phénomènes extérieurs, ou tout simplement de leur simultanéité subjective dans la réflexion, sans aucun égard pour ce qui se passe en dehors de nous). Ce qui importe maintenant le plus et ce qui est de nature à trancher la controverse de façon décisive, c'est de répondre exactement à cette question : une idée peut-elle surgir à la suite d'une autre idée sans qu'elles aient été associées précédemment ? Si oui, la loi de contiguïté perd sa valeur.

Or, l'expérience nous donne nettement cette réponse affirmative. Nous en trouvons une première preuve dans les rêves. On sait le jeu singulier des images qui peuvent s'y rencontrer. La combinaison des idées s'y fait d'une façon tellement extraordinaire qu'on peut être sûr que dans le passé elle n'a jamais existé comme telle. Une grande richesse de représentations à l'état latent dort dans les cellules cérébrales. Lorsqu'elles sortent de cet état, s'actualisent et arrivent en série dans la conscience, en contractant des liaisons nouvelles et originales, dans lesquelles nous ne les connaissons pas en état de veille, il y a assurément quelque chose qui les tire de leur virtualité et provoque ces nouvelles associations. Ce « quelque chose » n'est certainement pas la contiguïté puisque l'association par contiguïté implique réitération. Nous sommes réduits à expliquer les bizarreries des rêves d'une manière naturelle qui porte en même temps atteinte à la fameuse loi de contiguïté : l'association des idées n'étant pas seulement une reproduction de ce qui a été, mais aussi une production de ce qui va être, cette production peut survenir comme effet de causes purement physiologiques, c'est-à-dire comme effet des ébranlements des cellules cérébrales, provoqués par la circulation sanguine, la nutrition ou quelque autre excitation organique (1).

Il va sans dire que cette manière de voir, une fois admise pour les phénomènes du sommeil, se transporte tout naturellement au domaine des états normaux de la veille. Effectivement, rien ne s'oppose à ce que nous regardions le contenu de la conscience comme un ensemble de faits accumulés au cours de la vie par l'action directe du monde extérieur sur l'organisme aussi bien que par la réaction de l'organisme lui-même. Ce qu'on appelle le sentiment vital ou l'expérience interne est précisément l'œuvre de cette réaction organique. Il est non seulement possible, mais tout-à-fait logique que les fonctions organiques ont leur répercussion sur la conscience. Mais dans le cas présent, cette répercussion se manifestera non pas comme dans les rêves,

---

1. Les voies de conduction dans la substance blanche sont innombrables, et durant l'activité des organes des sens et la circulation plus vive du sang dans la veille, toutes ces voies restent ouvertes. Alors, le courant nerveux prend la direction qui lui convient régulièrement. Dans l'état de sommeil, au contraire, le nombre de voies d'irradiation est sensiblement réduit par suite de l'assoupissement des sens et de la suspension de l'activité générale, et le courant peut suivre les routes irrégulières que la nutrition sanguine lui a ouvertes accidentellement,

par des combinaisons extravagantes d'images, mais par l'apparition soudaine d'une représentation inattendue qui n'avait avec les représentations précédentes aucun lien cohérent, encore moins le lien contigu. Mais à l'état de veille, la continuation de ces surprises mentales et l'incohérence des idées sont entravées par l'activité des organes des sens et le fonctionnement régulier du mécanisme physiologique. Et néanmoins avec un peu d'attention chacun pourra trouver dans sa propre expérience ces exemples, rares mais réels, où une idée surgit subitement, spontanément, sans aucun rapport avec la pensée préoccupante, momentanée à tel point qu'un examen postérieur, si minutieux qu'il soit, ne pourrait parvenir à nous éclairer sur son origine. Il ne s'agit pas, à coup sûr, de phénomènes sans cause : spontanéité ne veut pas dire miracle ; il s'agit d'un phénomène dont la cause est en dehors de la contiguïté et de l'habitude (1).

Enfin, de quelle façon arriverait-on à concevoir la na-

---

1. Dans une *Note sur le rôle des conditions somatiques dans l'association des idées*, Ch. Ferré, après avoir fourni un exemple frappant sur le rôle de la circulation du sang dans l'association, s'exprime ainsi : « L'enregistrement quotidien des faits autorise à admettre une association liée à une modification de la circulation ou de la constitution du sang qui peut se reproduire avec des variétés de formes, dans un grand nombre de conditions physiques ou mentales, et à rétrécir le domaine de la soi-disant évocation libre ou spontanée ». (*L'année psychologique*, 1905, p. 89).

ture de ce qu'on désigne communément, dans la science comme dans la vie, sous le nom de *génie* ? Le génie est — dit-on — une faculté d'*invention*. L'essence d'un acte d'invention consiste précisément dans la capacité d'apercevoir une idée dans une liaison nouvelle. Découvrir quelque chose c'est dévoiler de nouveaux rapports et faire contracter aux idées de nouvelles alliances. Comment cela est-il possible ? Par la contiguïté évidemment non. L'intelligence productrice opère bien sur des données, mais elle manifeste un *surplus* qui n'a rien à voir avec la répétition. Sans cela toutes les opérations mentales devraient être une fastidieuse récapitulation des choses anciennes, et le progrès historique de l'esprit humain deviendrait une nouvelle énigme du monde. Prenons garde de retomber dans la vieille erreur d'une entité mystérieuse qui constituerait l'essence du génie. Ici, comme dans d'autres phénomènes psychiques, nous nous trouvons devant une différence non de nature, mais de degré. D'abord, un inventeur est un penseur. Avant de trouver leurs lois, Archimède et Newton ont dû y penser. Le « moment divin d'inspiration » où l'étincelle géniale jaillit pour illuminer le coin sombre ne vient qu'après de longues heures de travail et de réflexion. Si elle jaillit, c'est comme résultat d'une association originale qui s'est opérée quelque part dans l'écorce cérébrale sans la contiguïté, peut-être en dépit d'elle. Pour élucider cette admirable manifestation de notre cerveau, nous sommes contraints d'admettre l'association *éliminatoire*, c'est-à-dire l'association qui *se fait* au cours de la méditation. Ainsi, si une idée de la cellule a est associée à une autre idée de la cellule b et celle-ci, à son tour, associée à une troisième idée de la cellule c, il se peut que, pendant le travail cérébral, l'excitation de la cellule a se propage directement dans la cellule c, sans passer comme autrefois, par l'intermédiaire de b ; ou bien, si elle passe par b, ce passage s'effectue avec une telle vitesse que l'intermédiaire de b reste inconscient, de sorte que l'association entre a et c est aperçue comme nouvelle (1). Il s'accomplit ici une élimination ou un raccourcissement des éléments intermédiaires, et, par là, la pensée, devenant plus souple, saute, pour ainsi dire, d'une idée à l'autre sans s'arrêter aux chaînons coutumiers. Ce qui détermine l'association à prendre une direction inaccoutumée et originale, à faire sortir une idée inopinée en évitant les points intermédiaires de la contiguïté, c'est l'état général du cerveau au moment donné (2).

1. Tout le monde connaît l'exemple classique que raconte Hobbes : comme un jour on parlait devant lui de la mort de Charles I⁏, il demanda brusquement combien valait un denier romain. Comment expliquer cette question inattendue ? Manifestement, l'association éliminatoire peut nous en rendre facilement compte. L'idée du roi qui était livré à ses ennemis par trahison, doit évoquer l'idée du Christ qui fut, lui aussi, livré à ses ennemis par Judas pour trente deniers. Mais par un raccourcissement des chaînons, la première idée de Charles I⁏ avait rappelé immédiatement l'idée du denier sans passer, ou en passant très vite, par les idées intermédiaires du Christ et de Judas, qui étaient éliminées.

2. V. Brochard a bien vu le fait et l'a exprimé merveilleuse-

En résumé, nous croyons avoir montré clairement que les idées peuvent s'évoquer sans avoir été contiguës. L'expérience de rêves, celle de l'état normal ordinaire et celle de l'état supérieur de génie concourent pour corroborer le fait. La loi de contiguïté est battue en brèche, et de telles exceptions ne lui permettent plus de conserver la valeur d'une loi.

ment en ces termes : « Le principe de l'invention, la source de l'originalité se trouve non dans la raison mais dans les opérations inférieures qu'on traite parfois avec un dédain immérité... Il est curieux de remarquer que si l'homme est capable de tant de découvertes, de glorieuses inventions, d'inspirations sublimes, il le doit surtout à la partie de son âme qui est immédiatement soumise au mécanisme corporel et par où il ressemble le plus à l'animal ». (*Revue philosophique*, 1880, t. I., p. 269).

CHAPITRE IX

Critique de la totalisation

Les considérations du chapitre précédent nous ont amenés devant un dilemme : il faut ou bien retenir l'exacte
acceptation du mot contiguïté et alors avouer l'inefficacité
de la loi de contiguïté, ou bien — si l'on persiste à en
faire l'unique loi associative — élargir jusqu'à l'absurde
le sens du terme. Dans le dernier cas, on aurait à raisonner
de la façon suivante : nos idées appartiennent dans tous
les moments et dans tous les cas à un seul et même organe,
appelé cerveau. Étant donné que le volume de cet organe
est petit et que toutes ses parties et toutes ses cellules, de
quelque côté qu'on les prenne, ne sont jamais trop éloignées l'une de l'autre, c'est-à-dire sont toujours plus ou
moins contiguës l'une à l'autre, nous pouvons conclure
que les idées — puisqu' elles sont logées dans ces parties et
ces cellules — sont toujours et partout en rapport de contiguïté. Qu'elles surviennent aujourd'hui ou demain, seules

ou accompagnées, dans l'âme paisible ou passionnée, semblables ou dissemblables, peu importe : elles ne se dérobent jamais à la nécessité de leur rapport naturel — rapport de voisinage ou de proximité dans l'intérieur de la masse cérébrale. Donc, on aboutit quand même à ce qu'on désire — à l'unité de loi dans l'association !

Certes, par cette voie factice on arrive à l'unité tant désirée, mais au prix d'une grande puérilité. Car, il va sans dire qu'il serait inadmissible d'attribuer au mot de contiguïté une telle extension du sens.

Pour éviter cet échec, fatal toutes les fois que l'on cache son ignorance sous des termes vagues et indéterminés, certains psychologues ont essayé de tourner l'écueil en recourant à un autre langage. Puisque la contiguïté, pour être la loi unique de l'association, doit ou bien se déformer elle-même ou bien violer des données expérimentales, Hamilton s'est évertué à chercher l'unité des lois associatives dans la *relation de partie à tout*. Nous connaissons déjà sa loi de totalité ou réintégration : d'après elle les idées se suggèrent parce qu'elles font partie d'un même tout.

Incontestablement, la loi de réintégration a un avantage sur celle de contiguïté : elle permet d'obtenir une vue générale sur le processus d'association. Un coup d'œil fugitif, jeté sur le monde mental, suffira pour nous rappeler que l'existence d'une idée ou d'un groupe d'idées est rigoureusement conditionnée par la totalité de la vie spirituelle. Dans le règne psychologique il n'y a pas de faits isolés :

sur chaque phénomène retentit la nature du tout, et, inversement, le tout est l'écho des particularités. Voilà la première donnée immédiate de la conscience. Hamilton a eu le mérite de trouver une bonne expression pour mettre en relief cette donnée primordiale.

Mais cet aspect général de la totalisation n'est-il pas en même temps une indication de sa valeur problématique en tant que loi spéciale d'association ?

En effet, elle souffre d'une généralité si vague qu'on pourrait se demander à bon droit : pourquoi elle réclame la direction de l'association seulement. Réduite à son contenu essentiel la loi du philosophe écossais nous dit simplement ceci : une idée dépend des autres idées ou, si l'on veut, une partie dépend du tout ! C'est une banalité. Hamilton a tort de restreindre l'empire de sa loi à la seule association. Pourquoi ne pas étendre son application à la psychologie tout entière ? Y a-t-il un seul phénomène psychologique qui ne pourrait se soumettre à la loi de totalisation ? Bien plus, y a-t-il un seul phénomène dans la nature auquel on ne saurait appliquer ce principe général ? Il est même hors de doute qu'il est placé dans le domaine de la psychologie non pas comme résultat de l'étude expérimentale de cette science, mais comme un remède provisoire au pêle-mêle bigarré où le problème d'association se débat. Dégagé par l'observation ordinaire de la nature, exprimant une idée générale saisissable par le sens commun du premier coup, le principe de totalisation a son fort de dire tout et son faible de ne dire rien du tout. C'est exactement le cas de la loi de contiguïté, prise dans le sens illégitime signalé au début de ce chapitre. La solution coïncide, mais le terme est changé. Naturellement ! Au lieu de maltraiter le sens d'un mot, de l'étendre jusqu'à le défigurer, il est plus simple de le remplacer par un concept plus commode qui n'abuse de la signification d'aucun terme. C'est ce que fait la loi de totalisation en se substituant à la contiguïté. Du reste, pour nous, il est plus intéressant de savoir quel est le fondement physiologique de la totalisation. Lorsqu'on énonce que les idées s'associent en raison du rapport de partie à tout il reste à définir ce « tout ». Faut-il comprendre par là un seul acte de la conscience ou la conscience comme totalité psychique du sujet pensant ? L'interprétation de cette relation est-elle spiritualiste ou matérialiste ? Enfin, comment et pourquoi le « tout » fait-il naître les « parties » ? Pour la solution du problème ces questions ne sont vraiment pas à mépriser.

La totalisation comme acte isolé de la connaissance n'est autre chose que la contiguïté, déguisée sous une forme plus élastique. Dire que a et b apparaissent parce qu'ils ont fait partie de l'acte c de cognition, c'est dire que a et b ont été pensés ensemble, donc ont été contigus. A. Bain a déjà considéré la loi de Hamilton comme la loi de contiguïté. Nous n'avons donc qu'à rappeler les objections déjà faites.

Mais la loi de totalité peut être susceptible d'une interprétation plus large. Ici le « tout » doit être regardé comme le contenu intégral de la conscience. Dans cette hypothèse a et b apparaissent parce que, en leur qualité d'idées, ils font partie de la conscience comme totalité. Ainsi conçue, la loi de réintégration échappe à tous les reproches auxquels s'expose la loi de contiguïté. Car, il n'existe pas une idée dans l'univers mental qui, du fait même qu'elle sur git, ne soit une partie intégrante de la conscience, et, inversement, il n'y a pas une idée qui, étant partie du tout, ne puisse s'évoquer au moment favorable. Seulement, par malheur pour elle, la totalisation perd ici en clarté tout ce qu'elle gagne en rigueur. Car on ne sait pas du tout comment le tout suggère sa partie (1).

Hamilton se voit obligé de retourner à son point de départ et d'en revenir à la loi de contiguïté et de ressemblance. Ainsi, le tout évoque la partie en vertu des rapports

---

1. D'ailleurs Hamilton lui-même (*Lectures*, II, 240-243) observe que sa loi de réintégration peut être dernière et que les lois dernières sont nécessairement inexplicables. J. St. Mill (dans *La philosophie de Hamilton*) trouve que la loi de réintégration est « un essai de généralisation bien malheureux, car il n'est pas possible d'y ramener le cas de suggestion... La sensation de goût sucré d'aujourd'hui et celle d'il y a une semaine qu'elle rappelle, n'ont pas « fait précédemment partie du même acte de cognition... » La simplification introduite par Hamilton, en admettant qu'elle soit correcte, ne fait que confondre deux notions claires (ressemblance et contiguïté) et donne à leur place une notion obscure... qui contient toutes les difficultés métaphysiques qui entourent les idées d'unité, de totalité et de parties ». (J. St. Mill, *La philosophie de Hamilton*, Paris, 1869, p. 302).

fondamentaux de contiguïté et de similarité ! En fin de compte, nous nous trouvons ramenés au point de départ. L'investigation nous a fait tourner en cercle.

Comment sortir de cette impasse ?

En conformité avec les deux grands courants philosophiques, du spiritualisme et du matérialisme, on peut noter deux essais principaux : dans la thèse spiritualiste toute idée possède une « tendance » particulière à monter à la surface de la conscience, et, aussitôt que cette tendance acquiert une « force » suffisante pour pouvoir triompher de la même tendance des autres idées rivales, elle surgit ! Au point de vue plus ou moins matérialiste, l'évocation des idées est le résultat de tout l'ajustement cérébral au moment considéré.

Il ne faut pas avoir beaucoup d'ingéniosité pour s'apercevoir que ces deux façons de clore la discussion sur l'association ne nous fournissent pas ce que nous avons cherché : la précision sur le principe directeur de l'association. Constater *a priori* que les idées jouissent d'une « tendance » spéciale à s'associer réciproquement ou que leur association dépend de l'état général de la masse cérébrale au moment donné ce n'est pas résoudre la question, c'est l'abandonner définitivement (1).

---

1. L'explication du phénomène d'association est poussée parfois jusqu'à l'absurde. Le « savant » italien François-Marie Zanotti nous parle de *l'électrisation* et du *magnétisme* des idées. Ces propriétés, les idées les acquièrent par une espèce de frotte-

ment spirituel, et le résultat de ce frottement est l'attraction des idées. Il n'a pas manqué de nous préciser la formule même de cette attraction : *la force attractive des idées* — dit-il — *sera proportionnelle à la plénitude de leur être* (c'est-à-dire plus une idée a de compréhension ou de perfection, plus grand est le nombre des idées qu'elle attire). Voilà quelles conceptions fantaisistes on imagine pour expliquer le phénomène d'association ! (Louis Ferri, *La psychologie de l'association*, Paris, 1883. p. 60).

CHAPITRE X

Le concept d'association

Les chapitres précédents font voir le sens que nous donnons à l'expression d'association. Et ce n'est pas la chose la moins importante de s'entendre sur ce point. Nous tenons même à la déterminer spécialement avant de tirer notre conclusion. La psychologie surtout a le malheur d'avoir dans sa nomenclature une quantité de coins sombres où l'ambiguïté des mots cause des malentendus interminables. L'association offre à cet égard un exemple frappant. Pour les uns, elle signifie tout simplement l'évocation des idées. Pour les autres, ce ne sont pas seulement les idées qui s'associent, mais tous les états de conscience : sensations, représentations, sentiments, actions sont également soumis au mécanisme de l'association (1). D'autres encore ne se satis-

---

1. Dans son article sur l'association des idées, paru dans la *Grande Encyclopédie*, Ribot, comme Reid, écrit à ce sujet : « Ce n'est pas seulement une idée qui éveille une autre idée, mais une perception qui s'associe à une idée, un sentiment qui en

font pas de cette extension : à côté des états conscients —
disent-ils — il y a encore des états inconscients tels que ré-
flexes et automatismes qui entrent parfaitement et même
à meilleur titre dans le cadre du phénomène associatif (1).
Et les associationnistes anglais portent au comble l'élargis-
sement de cette notion : d'après eux, l'association repré-
sente la loi suprême de la psychologie, le principe universel qui joue ici le même rôle que la loi de gravitation en
astronomie. Sensations, idées et leurs combinaisons au
moyen de l'association, voilà toute l'âme, toute la psychologie.

Nous croyons que ces quatre conceptions de l'association
ne sont pas incompatibles. Leur différence est non de nature, mais de degré. Primitivement, le fait psychique associatif qui a attiré l'attention des philosophes était sans

---

suscite un autre ou qui suggère une idée ou qui donne naissance à un mouvement : bref, entre toutes les manifestations
de notre vie psychique, quelles qu'elles soient, il y a des associations possibles et le mot idées ne peut être conservé qu'à
la condition d'être considéré comme synonyme d'états de
conscience ».

1. C'est la thèse de M. P. Sollier. « Le champ de l'association
— dit-il — bien loin d'être limité aux idées, aux représentations, est au contraire extrêmement vaste, et s'étend à tous
les modes de l'activité cérébrale et nerveuse, depuis les formes
les plus caractérisées et les plus extérieures, jusqu'aux plus
diffuses et aux plus internes et subjectives... Tous les états
affectifs et cénesthésiques, toutes les manifestations motrices,
sont également sujets à l'association ». (P. Sollier, *Essai sur
l'association en psychologie*, Paris, 1907, p. 4-27).

doute l'évocation des idées. Platon cite l'exemple d'un amant qui, en voyant une lyre, se ressouvient de la personne à laquelle elle appartient, de même que la vue du portrait de Simmias — ajoute-t-il — rappelle l'image de Cébès ou de Simmias lui-même (1). C'est évidemment l'association en tant qu'évocation. Aujourd'hui, en traitant de l'association, les psychologues, presque toujours, ne comprennent pas autre chose sous ce nom. Les associationnistes mêmes qui élèvent l'association à la hauteur de loi fondamentale du monde spirituel, la plupart du temps l'identifient avec l'évocation. On peut élargir la notion d'association tant qu'on voudra, le phénomène à expliquer restera toujours le même : l'évocation. Par conséquent, lorsqu'un psychologue tente de remplacer « l'association d'idées » par « l'association des faits de conscience », ou celle-ci par « l'association des phénomènes conscients et inconscients », etc., il ne change en rien le sujet à traiter, il agrandit seulement le cadre de sa recherche. Tout le monde sait bien que les

---

1. C'est Platon qui, le premier, signala l'association par contiguïté et par ressemblance. Cela ressort clairement de ce passage de son *Phédon* : « Eh bien, continua Socrate, ne sais-tu pas ce qui arrive à ceux qui aiment quand ils ont sous les yeux une lyre, un habit ou quelque autre objet dont leurs amis ou leur maîtresses ont l'habitude de se servir ?.. En reconnaissant cette lyre, ils se rappellent les traits de ceux à qui elle a appartenu... Et la simple vue du portrait de Simmias ne peut-elle pas rappeler Cébès ?... A plus forte raison, en voyant le portrait de Simmias, se ressouviendra-t-on de Simmias lui-même ? Certainement ». (Platon, *Phédon*, Paris, 1915, p. 108).

phénomènes psychologiques se tiennent en un enchaînement intime et inséparable, et que la conscience, comme
objet d'une science distincte, n'est autre chose que cet enchaînement des faits particuliers, divers et analogues à la
fois. A quoi bon répéter cette vérité banale juste à propos
de l'association et s'en servir comme d'une preuve pour
justifier le changement d'un terme consacré ? Avance-t-on,
par là, le moins du monde l'intelligence du problème posé ? N'est-ce pas plutôt le compliquer ? Car, l'association
des « idées » est à coup sûr un fait plus simple que l'association des phénomènes psychologiques conscients et inconscients. Celle-ci suppose un complexus de questions dont
l'association des idées n'est qu'une partie. Et pour quelle
raison se presse-t-on d'embrasser une foule de questions à
la fois alors que la question principale attend encore sa
solution ? A la vérité, tous les concepts mentionnés sur
l'association renferment quelque chose de commun, affir-
ment une certaine « liaison des phénomènes » et à ce point
de vue, ils ne diffèrent pas quant au fond : seule varie l'extension de leur objet (1). En tous cas, ce désaccord des di-

------

1. Si nous voulons considérer, par exemple, le rapport entre
l'association et la passion, la question se complique sensiblement. M. le Dr G. Dumas remarque justement : « C'est par
un syllogisme que débute toute passion... Nous pouvons affirmer que, d'une façon générale, l'association des tendances n'est
qu'une forme assez complexe de l'association des idées et que
cette association ne diffère pas, dans son mécanisme, des associations logiques du raisonnement ». (G. Dumas, *L'association*

vers auteurs provenant de leurs différentes opinions sur la signification du terme d'association n'est guère de nature à modifier le plan de la recherche que nous nous sommes proposée. C'est affaire de convention. Pourvu que l'auteur précise ce qu'il comprend sous telle ou telle dénomination il est libre de poursuivre son analyse et de tirer ses conclusions conformément à son but. Au cours de cette étude, nous avons conservé partout le sens le plus restreint, mais le plus légitime de l'association : nous nous sommes demandé et nous nous demandons encore une fois : quelle est la loi qui dirige l'évocation de nos idées ? (1)

---

des idées dans les passions, Revue philosophique, juin 1891). Pour la même raison de simplifier la question, nous éliminons de notre étude tout ce qui concerne la vitesse, la classification, la force de l'association. Ce sont là les côtés accessoires qui ne contribuent en rien à la solution du problème tel que nous l'avons posé.

1. On essaie d'écarter le terme d'évocation comme impropre. « Il n'y a jamais — dit A. Joussain — évocation d'une idée par une idée, mais passage d'une idée à une autre par une métamorphose continue de l'âme ». (André Joussain, *Le cours de nos idées, Revue philosophique*, 1910, t. II, p. 158). Mais l'auteur oublie que c'est seulement changer le mot, le phénomène à expliquer reste toujours le même. Car, nous avons à nous demander : quelle est la cause qui opère ce passage, cette métamorphose ? M. H. Piéron emploie un autre mot. S'opposant à la théorie courante de l'enchaînement des idées, il s'exprime ainsi : « Il n'y a pas enchaînement d'états de conscience; il y a *attraction* d'états par un groupe d'états conscients ou subconscients et dont les influences rayonnantes se renforçant dans une direction donnée amènent à la conscience des nouveaux

Un autre litige à débrouiller ici, c'est la séparation des associations *accidentelles* et des associations *logiques*. Il y aurait, selon cette doctrine, deux espèces de pensée : l'une chez le savant dont les idées s'associent tout droit, logiquement, vers une fin déterminée, et l'autre chez le rêveur dont les idées courent au hasard, illogiquement, sans but. Il en résulterait deux modes d'évocation : l'un qui s'exerce spontanément, et l'autre qui s'accomplit volontairement.

Cette distinction nous l'avons regardée implicitement comme artificielle, et maintenant nous la rejetons comme superflue. Ce qui existe dans la réalité, ce sont deux moments d'esprits — de création et de répétition. Mais quant au mécanisme d'association il s'opère dans tous les moments de la même façon. On peut bien admettre qu'entre la méditation intelligente d'un savant et la rêverie vagabonde des « âmes sentimentales » il y a certains signes distinctifs accessoires : un penseur, plongé dans la recherche d'une solution, s'est promis d'avance un objectif à réaliser et la représentation de cet objectif flotte devant sa pensée comme idée d'orientation, cependant que dans le train ordinaire de la vie quotidienne la pensée est saisie d'une variété d'occupations mécaniques, régulières ou accidentelles, qui s'exécutent sans aucun « idéal » particulier. Néan-

---

groupements déterminés ». (H. Piéron, *La conception de l'association des idées, Revue philosophique*, 1904, t. I, p. 510). Mais on désire savoir exactement en quoi consiste cette « attraction » et surtout quelle en est la cause.

moins, le cours des idées, dans le premier cas comme dans le second, n'est pas commandé par notre volonté. L'évocation des idées n'est donc pas affaire d'une décision personnelle ; elle se déroule sans obéir à nos désirs ; elle suit sa propre logique. Du reste, où sont les limites de deux types d'associations mentionnés plus haut ? L'érudit le plus rigoureux, en dépit d'un but qu'il s'est fixé et vers lequel il voudrait diriger et associer ces idées, demeure exposé à se laisser entraîner dans les régions des images étrangères à ce but. Ce sont les instants où le courant d'association déborde de son lit et entre, pour ainsi dire, dans un lit étranger. Aucune volonté, si forte qu'elle soit, ne peut empêcher, à l'avance, cette déviation. Inversement, il serait faux de croire que l'association des idées chez un rêveur court accidentellement. Si irrégulière que nous paraisse parfois la trame des représentations elle a toujours sa raison d'être et sa logique. Elle ne subit pas la direction de lois mathématiques, mais elle ne suit pas non plus les caprices du hasard. W. James s'oppose magistralement aux prétentions usurpatrices du libre arbitre dans l'œuvre d'association. Dans les idéations volontaires ou les raisonnements, « la volonté, dit-il, n'est pour rien... Qu'il s'agisse de résoudre les énigmes proposées par les journaux, ou qu'il s'agisse de deviner et saisir toute la politique d'un empire, la méthode ne change pas : il faut toujours abandonner au jeu des lois cérébrales le soin de nous fournir spontanément les idées ; le rôle de l'esprit consiste à les reconnaître à

mesure qu'elles lui sont présentées ». Oui, à mesure qu'elles lui sont présentées (1). L'association ne devient rien de
plus ou de supérieur par le fait qu'elle s'effectue pendant
la méditation savante. Dans la fantaisie comme dans la
réflexion sa nature ne change pas. C'est une erreur de la
philosophie écossaise que de distinguer une association intellectuelle, réservée aux moments choisis des têtes doctes, et
une association vulgaire, inférieure, qui ne tricote son filet
qu'aux heures de distraction. Contrairement à cette thèse,
nous maintenons que l'association reste, dans toutes les
opérations mentales, un phénomène spontané, unique et
indivisible.

1. W. James, *Précis de Psychologie*, Paris, p. 369. Nous ne
pouvons pas ne pas rapprocher de cette opinion de James la
belle pensée de V. Brochard concernant le même sujet. « Tra-
vailler ou méditer, dit-il, ce n'est pas inventer les idées; on
n'invente jamais ». Il faut attendre que les idées viennent.
« Mais forcer les idées à comparaître, leur faire violence, lut-
ter contre Minerve, c'est une chimère... Les œuvres de quelque
valeur se font en leur auteur plutôt qu'il ne les fait. » (V.
Brochard, *De la loi de similarité dans les associations d'idées*,
Revue philosophique, 1880, t. I, p. 269).

CHAPITRE XI

L'association des idées n'obéit pas à des lois

Nous savons que la vie d'un être organisé est l'œuvre de son passé et de son milieu. L'homme en tant qu'être vivant est le résultat des mêmes facteurs : de ce qui l'entoure et de ce qu'il porte dans sa nature individuelle soit comme héritage de ses ancêtres, soit comme acquisition personnelle. A défaut d'autres règles, ces deux facteurs suffiraient pour imposer un certain ordre à notre pensée. En ce sens, nous avons le droit de parler de la détermination du cours de nos idées. Mais cela ne veut point dire que ce cours obéit à des lois associatives spéciales. Ces lois, la science ne les connaît pas. Elle constate l'apparition des idées dans la conscience, explique les causes de cette apparition, détermine les conditions sous lesquelles l'opération associative se poursuit, mais elle ne saurait jamais établir une formule rigoureuse qui présiderait à l'association. La vie est trop complexe pour que cela soit possible, et l'association, comme sa manifestation psychique la plus générale reste sujette à l'influence de toutes les innombrables circonstances qui accompagnent la vie.

En effet, rappelons-nous les nombreux facteurs dont dépend la marche générale de nos idées. Outre les conditions telles que contiguïté, ressemblance, contraste il intervient encore — comme nous l'avons déjà remarqué — une série de facteurs efficaces qui orientent le cours de l'association. Y sont pour quelque chose : le sentiment, l'intérêt personnel, la préoccupation momentanée, la « constellation » des représentations, la clarté des notions, l'âge de l'association, la répétition des liaisons, l'immixtion de sensations ambiantes, l'état organique de la circulation, l'individualité du caractère, etc. Comment ramener toutes ces conditions à une loi associative unique et déterminante ? Comment réduire à un principe tant d'influences diverses ? Les lois d'association par le fait même qu'elles sont lois peuvent prétendre à diriger nos idées, leur prescrire la route à suivre. La réalité de la vie nous convainc du contraire (1).

---

1. On connait bien l'exemple de Spinoza. « Un soldat — dit-il — voit dans le sable les traces d'un cheval, aussitôt, de la pensée du cheval, il tombera dans celle du cavalier, de là dans la pensée de la guerre, etc. Le paysan, au contraire, tombera de la pensée du cheval, dans celle de la charrue, du champ, etc ». (Spinoza, *Ethique*, livre II, théor. XVIII, scholie). Mais demain cette association peut changer : pour une cause ou pour une autre, ces traces d'un cheval ne réveilleront cette fois aucune pensée ou bien réveilleront celle d'une vache. C'est précisément pour cela qu'on a été obligé de recourir aux lois secondaires ou complémentaires pour sauver les lois principales.

Le psycho-physiologue Ziehen, de Berlin, un des ardents défenseurs de la loi de contiguïté, fait largement usage d'une cause particulière d'association qu'il appelle « constellation ». Suivant lui, le nombre de facteurs d'association n'est pas aussi grand que Brown se l'était figuré, et il se contente d'en reconnaître quatre : 1° l'intensité de la parenté associative ; 2° la clarté des représentations ; 3° le ton affectif des représentations ; 4° la constellation. Plusieurs jeunes psychologues le suivent dans cette réduction et soulignent surtout la constellation qui, aux yeux de certains, englobe tous les autres. Or, qu'est-ce que c'est que la constellation ? C'est — pourrait-on dire — l'ensemble des influences réciproques qui se produisent dans l'écorce cérébrale par suite de la multiplicité de voies associatives, directes ou indirectes, de manière à favoriser l'apparition d'une représentation ou empêcher celle d'une autre (1). A cause de la dite constellation il arrive qu'une idée, malgré sa grande clarté, son vif ton affectif, sa force de liaison associative, succombe dans la concurrence des idées tout simplement parce qu'elle a le malheur de se heurter à un mauvais concours d'influences contrariantes.

Il n'est pas difficile de voir que la constellation comme

----

1. Plus brièvement il dit encore : Die Gunst oder Ungunst dieser Konstellation kann offenbar als eine vorübergehende Erhöhung oder Herabsetzung der Intensität oder Energie der begünstigten oder benachteiligten latenten Vorstellung aufgefasst werden ». (Th. Ziehen, *Leitfaden der physiologischen Psychologie*, Iena, 1906, p. 186).

facteur de l'association fournit un ultime expédient pour se tirer de la fâcheuse posture où certains exemples d'association placent la loi de contiguïté. Par son obscurité et sa généralité la constellation nous apparaît comme le dernier refuge de tout ce que les lois associatives ne peuvent pas expliquer. Nous n'y voyons qu'un aveu tacite que l'association des idées cache quelque chose qui n'est attribuable à aucune loi psychologique. Bien plus, la constellation est une notion tellement extensible et élastique qu'elle serait parfaitment à même de remplacer à elle seule toutes les lois d'association. Car elle fait tout comprendre sans faire appel à la contiguïté et même malgré elle. D'abord présentée comme un simple pion dans le jeu associatif — c'est au moins le rôle que son auteur lui attribue — elle finit par prendre l'aspect d'un principe dépassant la loi capitale de l'association. Ainsi comprise, la constellation n'est qu'une seconde édition de la solution mentionnée plus haut, consistant à considérer la succession des idées comme la conséquence de la disposition générale des cellules du cerveau au moment donné. Mais dire cela, c'est renoncer aux lois d'association.

A la vérité, de tous les phénomènes psychologiques, l'association est — nous l'avons déjà dit — le plus complexe et le plus général. N'y a-t-il pas de nos jours des psychologues qui rejettent carrément la division classique de la science psychologique en intellect, sentiment et volonté comme artificielle et antiscientifique et y substituent cette division plus uniforme et plus naturelle : sensation, représentation et association ? L'association est l'enchaînement de ces sensations et représentations, autrement dit, c'est le changement des états de conscience. Or, nous savons que ce changement est précisément ce qu'on appelle conscience ; sans lui celle-ci est inconcevable.

Ceci dit, il est plus que téméraire de considérer cette immense complexité qu'est la conscience comme un simple mécanisme qui se déroule dans son ensemble suivant les lois de contiguïté ou de ressemblance. Certes, chaque idée a bien sa cause, et l'apparition ou l'association de cette idée avec une autre idée est nécessitée par quelque chose. Nous avons dit ailleurs que nos raisonnements sont conditionnés et que nous ne pensons jamais à notre gré ; bien plus, nous avons remarqué également que la psychologie est une véritable science qui peut avoir de véritables lois. Mais il ne s'agit pas de cela ici. Il s'agit de savoir si l'association des idées obéit à des lois générales rigoureuses. Nous répondons que non, et la raison de cette assertion, nous la tirons encore de la complexité inextricable du phénomène d'association. L'homme est vraiment l'animal le plus complexe au monde. Le nombre infini de cellules qui composent son mécanisme organique, la différenciation parfaite qu'ont atteinte les diverses parties de son tissu musculaire et nerveux, l'enchevêtrement impénétrable des circonstances qui ont accompagné le cours de sa vie et la vie de ses ancêtres — ces facteurs ont tellement compliqué l'étude de l'homme et surtout de sa conscience que les prévisions sur les résultats du jeu d'association ne peuvent guère s'établir. La conscience, en dernière analyse, n'est autre chose que le reflet du monde extérieur. Notre esprit correspond à notre milieu, c'est-à-dire à tout ce que nous avons vécu dans le passé et à tout ce que nous vivons dans le présent. La variété des états psychiques est donc essentiellement l'œuvre de la variété physique du dehors. Or, personne ne songe à établir une loi sous l'empire de laquelle tous les changements environnants à tous les moments se produiraient avec régularité et précision. Et puisque ces changements extérieurs exercent sans cesse une influence considérable sur les changements de la conscience, il serait déraisonnable de parler d'une loi qui gouverne le cours de nos idées. La science physique se contente de simplifier les phénomènes du monde extérieur, de les classer en groupes et de les expliquer par leurs causes respectives, mais elle ne se propose point d'inventer une loi universelle qui expliquerait les changements perpétuels de ces phénomènes. La science psychique doit adopter le même procédé : elle a d'abord à abandonner la recherche d'une loi générale de l'association parce que l'association est un changement incessant de la conscience, soumis à des influences des facteurs les plus variés. Pour se faire une idée adéquate de l'association, il faut l'envisager non pas comme un mécanisme, mais comme un complexus de faits différents. Dès lors, nous serons dispensés de chercher à tout prix la loi unique d'association. Notre tâche consisterait à examiner les causes possibles de l'évocation des idées sans les formuler en loi directrice. Les aspirations seront plus modestes, mais l'œuvre sera plus solide. Le tort de certains psychologues est justement dans leur prétention d'expliquer toutes les choses d'un seul coup. C'est comme si la physique voulait expliquer l'univers par une seule loi, ou si la médecine prétendait guérir toutes les maladies par une panacée.

CHAPITRE XII

Analyse des faits et conclusion

Pour chercher la solution d'une question complexe et
obscure, il faut partir des faits d'expérience les plus simples et, se débarrassant des spéculations métaphysiques,
soumettre à un examen minutieux toutes les parties indé-
cises.

Avant tout, nous constatons comme donnée immédiate de
notre vie psychique la conscience et son cours. Une foule
d'idées constituent notre fonds intellectuel, mais ce fonds
n'est pas un capital immobile : les idées courent, voilà le premier fait simple que l'expérience nous enseigne. Ce courant on l'a comparé à celui de la masse d'eau dans un fleuve,
mais cette comparaison n'est pas tout-à-fait exacte. La marche du fleuve suit une direction linéaire, la marche des
idées ressemble plutôt — si l'on tient à employer une comparaison — à la marche circulatoire du sang. Les idées se
créent, et, cette création une fois faite, elles vivent. La vie

des idées se manifeste par leur apparition, disparition et réapparition dans la conscience, et ce va-et-vient continue durant toute la vie. Evidemment, relativement parlant, une idée peut apparaître sans disparaître, c'est la folie ; elle peut disparaître sans réapparaître, c'est l'oubli. Mais en tant qu'élément de notre conscience sa vie normale consiste dans le processus d'évocation, c'est-à-dire dans l'association.

Considérée dans son rôle le plus étendu, l'association se présente comme une activité de notre esprit qui change continuellement l'aspect général de la conscience (1). Nous

---

1. Comment pouvons-nous nous rendre compte de ce changement continuel ? « Là encore — dit M. Claparède — il faut demander à la physiologie. Deux hypothèses, qui d'ailleurs ne s'excluent pas, sont possibles : ou bien l'on peut admettre l'existence d'un courant nerveux doué d'une force propre de propagation, comme c'est le cas pour les ondes lumineuses ou celles d'un liquide... ou bien chaque élément nerveux, au moment où il est le corrélatif d'un fait de conscience, devient le siège d'une modification physico-chimique qui, tout en le rendant impropre à fonctionner, serait en même temps un stimulus pour d'autres éléments contigüs : ceux-ci, étant le siège de la dite modification chimique, stimuleraient à leur tour les éléments suivants, et ainsi de suite ». (E. Claparède, *L'association des idées*, Paris, 1903, p. 152)). Ch. Richet insiste sur le rôle de l'irrigation du sang dans la continuité de la pensée... « Cette continuité dans l'irrigation de sang oxygéné — dit-il — n'est pas sans importance pour amener la continuité de la fonction psychique; car une circulation saccadée, avec des poussées brutales de sang, suivies aussitôt d'une déplétion brusque, ne serait pas sans influence sur l'activité psychique, qui doit être continue, non intermittente ». (Ch. Richet, *Essai de psychologie générale*, Paris, 1887, p. 35).

disons *continuellement*, mais dans cette continuité, il est légitime de dégager les faits caractéristiques suivants:

a) Il y a d'abord des moments où la continuité de l'association nous paraît momentanément coupée. Comme la goutte d'eau qui, s'avançant, heurte un obstacle et, avant de le tourner, s'y arrête un instant, le courant d'association peut subir une interruption momentanée et produire en nous l'impression confuse d'un choc passager. Nous appellerons ces moments les *points neutres* de la conscience (1).

b) A chaque instant, la continuité de l'association est menacée de dérangement par l'intervention des innombrables impressions du monde extérieur qui entrent dans la conscience par les organes des sens et imposent aux idées une direction inattendue. Le courant n'est pas neutralisé, mais changé : sous l'influence des sensations et des perceptions il est exposé sans cesse aux diversions les plus extrêmes. Mais ce n'est pas seulement le monde extérieur qui force les idées à prendre telle ou telle tournure. L'action des causes intérieures purement organiques peut également modifier le cours des idées. Ces moments où l'association change de direction nous les appellerons les *points tour-*

---

1. Nous rapprochons de ces *points neutres* de la conscience ces mots vigoureux de M. Delacroix, professeur de psychologie à la Sorbonne : « L'habitude nous dispense de penser. La plupart du temps, la conversation n'est qu'un psittacisme. Nous pensons très rarement ». Ces moments où l'on ne pense pas sont bien les moments où la conscience est neutralisée.

nants (1). Ils se manifestent dans l'impossibilité où nous sommes de maintenir longtemps une idée dans la clarté de la conscience. Comme le dit M. Delacroix, « notre attention n'est jamais continue ».

c) Cependant, ces moments d'indifférence et de diversion dans le cours de nos idées ne touchent pas à l'unité de la conscience. On pourrait parler du mouvement de la conscience, mais non de sa transformation. La trame des idées maintient — grâce à la mémoire — l'identité de notre moi à travers toutes les époques de notre vie en dépit des points neutres et tournants. Dans l'association, le moi reste toujours le même. Quelle que soit l'idée qui surgit au cours de l'association elle vient, dans tous les cas, confirmer l'identité de notre personnalité. En un mot, nos associations sont l'écho de notre moi. C'est le troisième fait immédiat que le phénomène nous révèle.

d) L'identité de la conscience implique un autre fait d'une portée considérable. C'est que l'œuvre d'association repose toujours sur des éléments déjà connus. Il y a lieu,

---

1. « Notre organisme — dit M. Claparède — est en butte à un certain nombre d'excitations, qui, si elles ne sont pas assez intenses pour se signaler à notre conscience, n'en doivent pas moins influencer l'état dynamique de nos centres nerveux, et, par suite, le faire varier continuellement, si ces excitations elles-mêmes varient. Parmi ces excitations, les unes proviennent du monde extérieur, les autres de notre corps lui-même, de nos viscères, de nos muscles, de nos vaisseaux ; la plupart d'entre elles restent au-dessous du seuil de la conscience ». (E. Claparède, *L'association des idées*, Paris, 1903, p. 153).

en effet, de distinguer nouvelles liaisons et nouveaux éléments. L'association peut bien former de nouvelles liaisons,
mais les éléments sur lesquels elle opère ne peuvent jamais
être nouveaux. Si variées que soient les idées qui surviennent au cours du jeu associatif, elles sont toujours tirées de
notre réserve intellectuelle, ont donc préexisté dans notre
conscience et, comme telles, ne représentent rien d'original.
Ce qui est original et nouveau, ou mieux, ce qui peut être
original et nouveau, c'est la combinaison dans laquelle elles
apparaissent. Ainsi, lorsqu'Archimède, ayant découvert son
célèbre principe, s'écria : « J'ai trouvé ! » il n'avait nullement trouvé une nouvelle idée, mais une nouvelle combinaison des idées qui existaient déjà dans son esprit.

Voilà quatre points principaux que l'analyse introspective
nous révèle et qui constituent le véritable aspect positif de
l'association.

Il ne reste qu'à nous demander ce qui correspond phy-
siologiquement à cet aspect psychique.

Nous avons déjà dit que l'association des idées est une
série de changements qui se produisent dans la conscience.
Bien que ces changements ne soient soumis à aucune loi universelle, cependant ils dépendent de conditions spéciales. Ainsi, pour qu'un souvenir puisse être évoqué par une sensation,
il faut que les cellules cérébrales, affectées par la sensation,
ébranlent les cellules du souvenir. D'autre part, pour qu'une
idée puisse évoquer une autre idée, il faut que les cellules
cérébrales de la première ébranlent les cellules de la se-

conde. En tous cas, cet ébranlement nerveux est la condition fondamentale de toute association. Il s'exerce grâce aux fibres associatives dont le plexus met en communication, soit directe soit indirecte, toutes les cellules cérébrales. La physiologie ne connaît aucune régularité symétrique dans la disposition des éléments nerveux, régularité qui permettrait d'espérer une régularité correspondante dans la succession des phénomènes psychiques. La structure de la masse cérébrale s'est créée à travers des époques infinies, et le contenu de la conscience s'est développé sous l'action des impressions extérieures dont l'enchaînement est sans nombre et sans ordre. Le résultat d'un pareil état de choses, c'est que les idées ne se succèdent pas en vertu d'une loi, mais bien plutôt en vertu de l'ajustement momentané de la substance nerveuse du cerveau. Pour cette raison, nous sommes complètement incapables de prévoir l'ordre général de nos idées. C'est seulement après coup que nous pourrions chercher la cause de l'apparition d'une idée. Et cette cause ne réside pas — comme nous avons vu au cours de cette étude — dans la loi de contiguïté, car la contiguïté elle-même ne peut rien expliquer sans faire appel aux autres facteurs de l'association : intensité de liaison, clarté des représentations, ton affectif de l'idée et avant tout et surtout constellation. Bien plus, nous savons qu'une idée peut être évoquée sans être contiguë, et c'est la conséquence toute naturelle de la complexité extraordinaire des faisceaux de fibres nerveuses qui constituent l'organe cérébral. Ainsi, la contiguïté est déchue du rang de loi scientifique et devenue une simple condition dans l'ensemble des facteurs qui expliquent l'association des idées.

Par conséquent, le résultat définitif auquel nos recherches ont abouti peut se résumer en ces mots : *l'association des idées n'obéit pas à des lois.*

BIBLIOGRAPHIE

ARISTOTE, De la mémoire et de la réminiscence, Paris, 1847.

BAIN A., Les sens et l'intelligence, Paris, 1874.

BEAUNIS H., Nouveaux éléments de physiologie humaine, Paris, 1888.

BERGSON H., Matière et mémoire, Paris, 1914.

BINET A., Le diagnostic judiciaire par la méthode des associations (*L'année psychologique*, 1910).

BOIRAC E., Psychologie, Paris, 1915.

BOUCHER J., Psychologie.

BOURDON B., Les résultats des théories contemporaines sur l'association des idées (*Revue philosophique*, 1891).

BROCHARD V., De la loi de similarité dans les associations des idées (*Revue philosophique*, 1880).

CLAPARÈDE E., L'association des idées, Paris, 1903.

CONDILLAC, Traité des sensations, liv. I.

DELACROIX H., Essai sur le mysticisme en Allemagne, Paris, 1899.

DESCARTES, Discours de la méthode.

DUGALD-STEWART, Eléments de philosophie de l'esprit humain, Genève, 1808.

DUGAS L., L'anti-associationnisme (*Revue philosophique*, 1916).

DUMAS G., L'association des idées dans les passions (*Revue philosophique*, 1891).

DUMAS G., La tristesse et la joie, Paris, 1900.

DUMAS G., Psychologie de deux Messies positivistes,

EBBINGHAUS H., Grundzüge der Psychologie, Leipzig, 1902.

FERRÉ Ch., Note sur le rôle des conditions somatiques dans l'association des idées (*L'année psychologique*, 1905).

FERRI L., La psychologie de l'association depuis Hobbes jusqu'à nos jours, Paris, 1883.

FOUILLÉE A., La psychologie des idées-forces, Paris, 1893.

GOBLOT E., Théorie physiologique de l'association (*Revue philosophique*, 1898).

GRASSET J., Introduction physiologique à l'étude de la philosophie, Paris, 1908.

HAECKEL E., Essais de psychologie cellulaire, Paris, 1880.

HOFFDING H., Eléments de psychologie fondée sur l'expérience, Paris, 1900.

HUME, Traité de la nature humaine, Paris, 1878.

JAMES W., Précis de psychologie, Paris, 1909.

JANET P. et SÉAILLES G., Histoire de philosophie, Paris, 1887.

JOUSSAIN A., Le cours de nos idées (*Revue philosophique*, 1910).

LALANDE A., La dissolution opposée à l'évolution, Paris, 1899.

Dr LAMBLING et H. DE VARIGNY, Cerveau (*La Grande Encyclopédie*, t. X).

LE DANTEC F., Les lois naturelles, Paris.

LE DANTEC F., Eléments de philosophie biologique, Paris, 1911.

Dr LETOURNEAU Ch., La biologie.

MALEBRANCHE, De la recherche de la vérité, liv. II, Paris, 1894.

MATISSE G., L'intelligence et le cerveau, Paris, 1909.

MAUDSLEY H., Physiologie de l'esprit, Paris, 1879.

MERVOYER P. M., Etude sur l'association des idées, Paris, 1864.

MILL J. St., La philosophie de Hamilton, Paris, 1869.

MILL J. St., Logique des sciences morales, liv. VI.

Dr NICATI W., Psychologie naturelle,

PAULHAN Fr., La physiologie de l'esprit,

PAULHAN Fr., L'activité mentale et les éléments de l'esprit, Paris, 1913.

PIÉRON H., La conception de l'association des idées (*Revue philosophique*, 1904).

PLATON, Phedon, Paris, 1915.

POINCARÉ H., La valeur de la science, Paris, 1912.

RABIER E., Psychologie, Paris, 1888.

RENOUVIER Ch., Traité de psychologie rationnelle d'après les principes du criticisme, t. I, Paris, 1912.

RIBOT Th., La psychologie anglaise contemporaine, Paris, 1911.

RIBOT Th., Les maladies de la mémoire, Paris, 1919.

RICHET Ch., Essai de psychologie générale, Paris, 1887.

ROUSTAN D., Psychologie,

SERGI G., La psychologie physiologique, Paris, 1888.

SOLLIER P., Essai critique et théorique sur l'assocaition en psychologie, Paris, 1907.

SPENCER H., Principes de psychologie, Paris, 1898.

SPINOZA, Ethique,

TAINE H., De l'intelligence, Paris, 1870.

Dr TOULOUSE E. et Dr MARCHAND L., Le cerveau, Paris, 1901.

Van BIERVLIET, La psychologie quantitative, Gand et Paris, 1907.

WERNICKE C., Grundriss der Psychiatrie, Leipzig, 1906.

WUNDT W., Grundzüge der physiologischen psychologie, Leipzig, 1874.

WUNDT W., Erkenntnisslehre, Stuttgart, 1893.

Dr ZIEHEN Th., Leitfaden der physiologischen Psychologie, Iéna, 1906.

TABLE DES MATIÈRES

Caen. — Imprimerie A. Olivier, rue Demolombe, 34.

9 782019 928223